NOUVELLES
RECETTES
VÉGÉTARIENNES

*Un merci tout simple
au maître Omraam Mikhaël Aïvanhov
pour son inspiration quotidienne*

NOUVELLES RECETTES VÉGÉTARIENNES

GERMAIN BEAULIEU

ÉDITIONS TROIS-PISTOLES

Éditions Trois-Pistoles
31, Route Nationale Est
Trois-Pistoles
G0L 4K0
Téléphone: 418-851-8888
Télécopieur: 418-851-8888

Saisie du texte: Martine Aubut
Photo de la couverture: Gilles Gaudreau
Conception graphique et montage: Monique Carrier
Révision: Marc Veilleux et Monique Thouin

Les Éditions Trois-Pistoles bénéficient des programmes d'aide
à la publication du Conseil des Arts du Canada et de la Société de
développement des entreprises culturelles du Québec (SODEC).

EN EUROPE (COMPTOIR DE VENTES)
Librairie du Québec
30, rue Gay Lussac
75 005 Paris France
Téléphone: 43 54 49 02
Télécopieur: 43 54 39 15

ISBN 2-921898-35-7
Dépôt légal: Bibliothèque nationale du Québec, 1997
Dépôt légal: Bibliothèque nationale du Canada, 1997

À toutes les femmes
et
à tous les hommes
que
j'ai rencontrés
pour
la joie
dans
la paix.
Merci.

INTRODUCTION

◆ ◆ ◆

C'est avec la nourriture qu'il absorbe que l'être humain

forme son corps. Il ne faut pas croire qu'en avalant

n'importe quoi on sera toujours intelligent, beau, expressif,

il faut voir qu'il existe un rapport entre la nourriture que

l'on mange et les états que l'on vivra ensuite.

À PROPOS DE LA CUISINE
petite fable

◆ ◆ ◆

Nord de la Chine, restaurant *L'Étoile du matin.*

Après 12 années à ses côtés, l'apprenti interroge son maître: «Croyez-vous que je sois prêt?» Et le vieux cuisinier, illettré mais célèbre dans toute la région, demande à son jeune élève: «Qu'as-tu appris?» En guise de réponse, l'étudiant lui lit ce texte:

À PROPOS DE LA CUISINE

Nous nous nourrissons de toutes sortes de choses, de sons et de vibrations, d'amour et d'émotions, de grains, de fruits, de légumes et d'autres solides, d'air, de pensées et de connaissances, et finalement de lumière.

Chacune de ces nourritures correspond à un niveau d'existence et elles sont toutes indispensables à la santé et à l'équilibre. Le choix et l'absorption de chacune d'elles est un geste sacré, une prière et une communion avec la vie et l'Univers.

La cuisine, lieu de préparation des nourritures solides et liquides, devrait être considérée comme un temple où règnent la joie, le respect, l'ordre et toutes les qualités nécessaires au fonctionnement et à l'accomplissement harmonieux de la vie.

L'Univers où nous vivons est un tout, où chaque partie interagit avec toutes les autres. Il en va de même dans la cuisine, où vos émotions, vos paroles, votre lumière, vos pensées, votre respiration se transmettent à la nourriture que vous préparez et seront digérées par les personnes que vous servez. La cuisine est donc un lieu où nous devons être réveillés, vigilants et attentifs, et où les intentions devront être claires et appropriées au bien-être et aux besoins des gens que nous servons.

Mais la cuisine ne doit pas être un endroit sérieux. Nous confondons souvent sérieux et gravité avec responsabilité et respect. Une nourriture joyeuse se digère bien.

Un repas est une célébration avec notre mère la Terre et un rappel que même si nous sommes aussi des êtres de lumière, nous avons choisi de nous incarner au sein de cette planète avec les responsabilités que cela implique. Lorsque nous allons habiter chez un ami, nous faisons le ménage en sortant et nous remercions en partant. Notre planète ne mérite pas moins.

Et le maître, qui n'avait jamais pu digérer la cuisine de son élève, lui dit : « Eh bien, tu vas écrire maintenant. »

Maxime Ménard
Guide ressources, avril 1995

1

◆◆◆

LES ENTRÉES
LES TARTINADES
LES SALADES
LES VINAIGRETTES

◆◆◆

Le corps physique doit devenir capable

d'exprimer les qualités de l'esprit. En mangeant

consciemment avec amour et reconnaissance,

nous retirons de la nourriture les meilleurs

éléments pour construire notre corps.

Quand il reçoit un instrument convenable :

un corps physique en état de faire son travail,

l'esprit est tout-puissant.

Granola maison
à l'érable

◆ ◆ ◆

3	tasses de flocons d'avoine	*720 ml*
1	tasse de germe de blé	*240 ml*
1/2	tasse de son de blé	*120 ml*
3	tasses de flocons de seigle	*720 ml*
1/2	tasse de raisins secs	*120 ml*
1/2	tasse de dattes hachées (faire tremper une nuit)	*120 ml*
1	cuil. à thé de vanille	*4 ml*
1/4	cuil. à thé de gingembre	*1 ml*
1	cuil. à thé de cannelle	*4 ml*
1/4	tasse de sirop d'érable	*60 ml*

Mélanger tous les ingrédients uniformément, placer sur une grande tôle. Cuire au four en remuant régulièrement jusqu'à doré et croustillant.

Se sert très bien avec du yogourt, du lait de soya ou du lait de vache.

15

Grano-vie

◆◆◆

Propriétés : Revitalisant sans excitant
Fortifiant
Aide à affronter l'hiver
Réchauffe
Favorise la croissance des enfants

1	tasse d'avoine grillée (environ 15 minutes à 350°F *(180°C)*	*240 ml*
1/4	tasse de son de blé	*60 ml*
1/4	tasse de germe de blé	*60 ml*
1/4	tasse de graines de tournesol	*60 ml*
1/4	tasse de raisins secs	*60 ml*
1/2	cuil. à thé de levure alimentaire	*2 ml*
1	pincée de sel	
3/4	cuil. à thé de cannelle	*3 ml*
2	cuil. à thé de sucre brun	*8 ml*
1	petite pincée de poivre de cayenne	

Mélanger tous les ingrédients ensemble.

Conserver au sec et s'en servir comme granola dans du lait ou dans du yogourt.

Pâté de kasha

◆ ◆ ◆

1/2	tasse de kasha (sarrasin grillé)	*120 ml*
1	tasse d'okara (pulpe de soya)	*240 ml*
1/2	tasse de graines de tournesol moulues	*120 ml*
1	cuil. à thé de cari	*4 ml*
1/2	tasse de levure alimentaire	*120 ml*
1 1/2	tasse de bouillon de légumes	*360 ml*
1/2	cuil. à thé de thym	*2 ml*

Bien mélanger le tout et placer au four dans un moule huilé pendant 45 minutes à 350°F *(180°C)*.

Cretons végétariens

◆ ◆ ◆

1/2	tasse de graines de tournesol moulues	*125 ml*
1/2	tasse d'okara (pulpe de soya)	*125 ml*
1/2	tasse de farine de blé	*125 ml*
1/2	tasse de chapelure	*125 ml*
1	pomme de terre crue râpée	
2	gousses d'ail	
Sel, poivre et une pincée de cayenne		
1	pincée de clou de girofle moulu	
1	gros oignon haché finement	
1/2	tasse *(10 oz)* de crème de champignons	*125 ml*
1/3	tasse de margarine	*80 ml*
1	cuil. à table de base de légumes	*15 ml*
1 1/2	tasse d'eau bouillante	*360 ml*
1/2	cuil. à thé de fines herbes	*2 ml*
1/2	cuil. à thé de thym	*2 ml*

Hacher les oignons et l'ail finement, mélanger à tous les autres ingrédients d'une façon homogène. Mettre dans un moule huilé. Cuire à 350°F *(180°C)* pendant 1 heure. Se congèle très bien.

Sert aussi comme tartinade.

Gelée aux légumes

◆ ◆ ◆

4	tasses de jus de tomate	*960 ml*
4	cuil. à thé de miel	*16 ml*
1	cuil. à thé de sel	*4 ml*
1	cuil. à thé de poivre	*4 ml*
Jus d'un citron		
1 1/2	cuil. à thé d'agar-agar	*6 ml*
2	tasses de céleri en petits dés	*480 ml*
2	tasses de poireau haché	*480 ml*
1	tasse de chou haché	*240 ml*
1	carotte	
1	endive	

Couper les légumes en dés grosseur macédoine. Dissoudre l'agar-agar dans l'eau froide puis ajouter aux autres ingrédients. Amener le tout à ébullition et verser dans le plat de légumes. Réfrigérer immédiatement jusqu'à consistance ferme. Démouler en mettant le plat dans l'eau très chaude très peu de temps, pour le verser ensuite dans une autre assiette sur un lit de laitue et décorer à votre goût.

Mousse à l'avocat

◆ ◆ ◆

2 1/2	cuil. à table de gélatine	*30 ml*
2/3	tasse de bouillon de légumes	*160 ml*
1	tomate hachée	
8	onces de fromage à la crème ou ricotta	*230 g*
1	tasse de crème sure	*240 ml*
Jus d'un citron		
2	œufs cuits durs hachés	
5	avocats en purée	
Sel, poivre, ciboulette		

Faire gonfler la gélatine dans le bouillon chaud. Laisser tiédir, puis dans un bol mélanger le fromage, la crème sure, les avocats en purée et le jus de citron. Assaisonner. Mélanger à la gélatine et incorporer les œufs hachés et la tomate délicatement. Placer dans un moule et réfrigérer toute une journée avant de démouler.

Bâtonnets au parmesan

◆ ◆ ◆

1	tasse de farine	*240 ml*
1	cuil. à thé de moutarde sèche	*4 ml*
1/2	tasse de beurre	*120 ml*
1/2	tasse de fromage parmesan râpé	*120 ml*
1	jaune d'œuf	
1	cuil. à table d'eau froide ou plus	*15 ml*
Sel, poivre		
1	blanc d'œuf	
Graines de sésame		

Mélanger farine, sel, poivre, moutarde sèche. Défaire le beurre en crème, y incorporer le jaune d'œuf, l'eau froide et le parmesan. Mélanger aux ingrédients secs. Former une pâte ferme pouvant se rouler facilement (ajouter un peu d'eau froide si trop sèche). Étendre au rouleau et découper en petits bâtonnets que vous passez dans l'œuf battu et roulez dans le sésame. Placer sur une tôle à biscuits graissée. Cuire au four quelques minutes jusqu'à doré.

Se sert très bien avec les soupes ou juste en collation.

Fondue parmesan

◆◆◆

6	cuil. à table de beurre	*90 ml*
3/4	tasse de farine	*180 ml*
1 1/4	tasse de lait	*300 ml*
1	jaune d'œuf	
1/2	cuil. à thé de paprika	*1 ml*
1/2	tasse de gruyère râpé	*120 ml*
1/2	tasse de parmesan râpé	*120 ml*
Sel, poivre		

Faire fondre le beurre, y ajouter la farine, cuire quelques instants. Versez-y le lait et cuire jusqu'à épaississement. Battre le jaune d'œuf, le verser dans le lait puis y mettre les fromages et les assaisonnements. Cuire jusqu'à ce que les fromages soient très bien fondus et que le tout soit onctueux. Placer dans un pyrex graissé et enfariné. Réfrigérer au moins 2 heures. Découper en morceaux égaux et passer dans la farine. Battre ensemble le blanc d'œuf et 1/8 tasse *(30 ml)* d'huile. Passer un à un les morceaux enfarinés et les enrober dans un mélange de :

1 tasse de chapelure	*240 ml*
1 cuil. à table de parmesan	*15 ml*

Placer sur une plaque allant au four. Cuire à 350°F *(180°C)* pendant 20 minutes.

Arachides de soya

♦ ♦ ♦

1	tasse de fèves soya	*240 ml*
1	tasse d'eau	*240 ml*

Faire congeler ces deux ingrédients ensemble au moins 2 heures. Retirer et mettre dans une casserole avec 1/2 tasse *(120 ml)* d'eau chaude. Faire mijoter 30 minutes. Enlever le couvercle pour faire évaporer l'eau ; les fèves doivent être croquantes. Laisser refroidir. Faire brunir les fèves dans 1/4 tasse *(60 ml)* d'huile 1 à 2 minutes. Retirer et saler.

Pistou tomaté

◆ ◆ ◆

8	gousses d'ail écrasées	
6	cuil. à thé de basilic frais haché	*24 ml*
2	cuil. à table de pâte de tomates	*30 ml*
6	cuil. à table d'huile d'olive	*90 ml*
3	cuil. à table de noix de pin	*45 ml*

Sel, poivre

Broyer le tout au mélangeur. Garder réfrigéré ou congelé. Se sert très bien avec les pâtes, dans les soupes à saveur méditerranéenne ou tout simplement sur du pain en accompagnement à la salade de tomates.

Beurre de noix

◆ ◆ ◆

2	tasses de noix de Grenoble	*480 ml*
1/4	tasse d'huile de tournesol	*60 ml*
3/4	tasse d'eau	*180 ml*
1/2	tasse de lait en poudre	*120 ml*

Placer le tout au mélangeur jusqu'à épaisseur voulue et homogène. Sert de base pour beurre à l'ail, aux légumes, au citron, aux herbes; pour ce faire, vous y ajoutez les ingrédients voulus.

Beurre de miel
et de noix à tartiner

◆ ◆ ◆

2	tasses de noix	*480 ml*
3/4	tasse d'eau	*180 ml*
1/2	cuil. à thé de sel	*2 ml*
1/4	tasse d'huile	*60 ml*
1/2	tasse de lait en poudre	*120 ml*
1/2	tasse de miel	*120 ml*

Mettre tous les ingrédients au mélangeur et battre à grande vitesse jusqu'à consistance crémeuse. Très bon au petit déjeuner si on y ajoute un peu de cannelle.

Note : Le beurre épaissit en refroidissant.

Tartinade de tofu aux fines herbes

◆ ◆ ◆

1	tasse de tofu	*240 ml*
1	cuil. à thé de beurre	*4 ml*
2	cuil. à table de persil frais haché finement	*30 ml*
1	gousse d'ail émincée	
Sel, poivre et fines herbes au goût		

À l'aide du mélangeur, réduire en purée tous les ingrédients. Ajouter le sel, le poivre et les herbes. Conserver au réfrigérateur ou servir immédiatement sur du pain de blé entier ou des biscottes maison.

Tartinade
aux œufs et au tofu

◆ ◆ ◆

1/2	tasse d'œufs cuits durs hachés	*120 ml*
1/2	tasse de tofu écrasé	*120 ml*
1/4	tasse d'olives noires hachées	*60 ml*
3	branches de céleri haché	
1	petit oignon haché	
1/2	poivron vert haché	
1	gousse d'ail hachée	
Sel, poivre, un peu de cari en poudre		
Mayonnaise pour lier le tout		

Farcir les tranches de pain garnies de laitue et de tomate.

28

Tartinade
aux carottes

◆◆◆

1	tasse de carottes râpées	*240 ml*
1/4	tasse de céleri haché	*60 ml*
1	petit oignon haché finement	
1	gousse d'ail haché	
1/4	tasse d'olives hachées	*60 m*l

Sel, poivre, thym

Mayonnaise pour lier le tout

Farcir les tranches de pain garnies de laitue et de tomate.

Tartinade
à l'avocat

◆ ◆ ◆

2	avocats mûrs et écrasés
1	petit oignon haché
1	gousse d'ail hachée

Jus d'un citron

1	tomate en dés

Sel, poivre

1	cuil. à table de tahini (beurre de sésame)	*15 ml*

Lier le tout en une pâte homogène et farcir les tranches de pain garnies de luzerne.

Tartinade
à l'épinard

◆ ◆ ◆

1	tasse de crème sure	*240 ml*
1/2	tasse de mayonnaise	*120 ml*
1/2	tasse de yogourt nature	*120 ml*
1	poireau haché très finement	
1	paquet d'épinards crus hachés finement	
1	petit oignon haché très finement	

Sel, poivre, sel de céleri, tamari, cerfeuil, tahini

Mélanger homogènement et farcir les sandwichs préalablement enduits d'une fine couche de tahini (beurre de sésame).

Pâte à tartiner
aux raisins secs

◆ ◆ ◆

1	tasse de raisins secs hachés	*240 ml*
1/2	tasse d'amandes hachées finement	*120 ml*
1/2	cuil. à thé de sel	*2 ml*
1	cuil. à table de jus de citron	*15 ml*
1/4	tasse de jus d'orange	*60 ml*
1/4	tasse de beurre d'arachide	*60 ml*

Mélanger le tout en une pâte homogène et tartiner votre pain de ce doux mélange matinal.

32

Melons vinaigrette

◆ ◆ ◆

1/2	melon de miel	
1/2	cantaloup	
4	oranges	
1	gousse d'ail hachée	
1	pincée de sucre	
6	cuil. à table d'huile	*90 ml*
2	cuil. à table de vinaigre de vin	*30 ml*
Jus d'un citron		
Poivre, persil		
1	cuil. à thé de tahini (facultatif)	*4 ml*
Feuilles de laitue boston, basilic frais		

Modeler avec la cuillère spéciale des petites boules avec la chair des melons. Peler à vif les oranges et les couper en morceaux. Préparer la vinaigrette avec l'huile, l'ail, le sucre, le vinaigre, le jus de citron et la tahini (si désiré). Assaisonner et mélanger au mélange melon-oranges. Réfrigérer quelques heures. Servir sur feuilles de laitue boston et décorer avec kiwi et feuilles de basilic frais.

Concombres
à la grecque

◆ ◆ ◆

4	concombres émincés	
2	échalotes émincées	
2	gousses d'ail hachées	
1	cuil. à thé d'aneth	*4 ml*
1	cuil. à thé de menthe	*4 ml*
1	tasse de yogourt nature	*240 ml*
1	tasse de crème sure	*240 ml*
Jus d'un citron		
Sel, poivre		

Mélanger le tout.

Servir sur une feuille de laitue romaine garnie de tomate et de basilic frais.

Taboulé
à la québécoise

◆ ◆ ◆

1/3	tasse de boulghour ou couscous	*80 ml*
1 1/4	tasse d'eau bouillante	*300 ml*
1	tasse de pois chiches cuits	*240 ml*
1	tomate coupée en cubes	
1	branche de céleri hachée	
4	échalotes coupées finement	
1/2	poivron vert haché	
Persil frais haché		
Ail émincé		
Cayenne		
2	cuil. à table de tamari	*30 ml*
3	cuil. à table d'huile	*45 ml*
1	cuil. à table de jus de citron	*15 ml*
Avocat coupé en cubes		

Faire gonfler le boulghour ou le couscous dans l'eau bouillante. Assaisonner de tamari. Ajouter les pois chiches, le céleri et le poivron, puis le reste des ingrédients. Réchauffer si vous désirez servir chaud. Ajouter l'avocat à la toute fin.

Salade de lentilles

◆ ◆ ◆

1	tasse de lentilles	*40 ml*
2	tasses d'eau froide	*480 ml*
1/4	tasse de céleri haché finement	*60 ml*
3	cuil. à soupe de tamari	
	Huile d'olive	
	Jus d'un citron	
	Persil frais	
	Échalotes hachées	
1	cuil. à thé de thym	*4 ml*
	Tomates assaisonnées d'ail	

Rincer et trier les lentilles. Laisser reposer dans l'eau froide pendant une nuit. Cuire doucement. Ajouter en cours de cuisson le céleri, et le tamari à la fin de la cuisson. Arroser d'un peu d'huile d'olive et de jus de citron. Saupoudrer de persil frais, d'échalotes et de thym. Garnir de tomates assaisonnées d'ail.

Salade de riz au cari

◆ ◆ ◆

1	tasse de riz à grains longs	*240 ml*
1/2	cuil. à thé de poudre de cari	*2 ml*
1	poivron vert	
1	branche de céleri	
12	queues de ciboulette	
1	carotte râpée	
2 à 3	cuil. à table de vinaigrette	*30 à 45 ml*
6 à 8	feuilles de laitue	
4	cuil. à table d'arachides salées	*60 ml*

Laver le riz puis le couvrir d'eau. Ajouter le cari et faire bouillir 15 minutes puis mijoter 10 à 15 minutes. Passer sous l'eau froide et égoutter. Préparer la vinaigrette (voir ci-dessous). Ajouter les légumes coupés en morceaux de différentes grosseurs et formes. Verser la vinaigrette et laisser reposer 1/2 heure avant de servir. Ajouter les arachides à la toute fin.

VINAIGRETTE

1/2	cuil. à thé de sel	*2 ml*
1/2	cuil. à thé de poivre	*2 ml*
1/2	cuil. à thé de moutarde forte	*2 ml*
1/2	cuil. à thé de cari	*2 ml*
2	cuil. à table de vinaigre de vin	*30 ml*
6	cuil. à table d'huile d'arachide	*90 ml*

37

Salade de riz méditerranéenne

❖ ❖ ❖

2	tasses de riz complet cuit	*480 ml*
1	petite aubergine	
Huile, sel et poivre		
1	poivron vert et 1 rouge en lamelles	
2	tomates en dés	
Basilic, olives noires		

Faire revenir dans l'huile les poivrons, l'aubergine et les tomates quelques minutes. Ajouter le basilic et les olives au riz cuit. Bien brasser et servir avec la vinaigrette à base d'huile d'olive.

VINAIGRETTE

6	cuil. à table d'huile d'olive	*90 ml*
3	cuil. à table de jus de citron	*45 ml*
1	cuil. à thé de moutarde forte	*4 ml*
1	cuil. à table de vinaigre de vin	*15 ml*
Sel et poivre		

Salade de boulghour

◆ ◆ ◆

3	tasses de boulghour cuit	*720 ml*
2 à 3	échalotes hachées	
1	carotte râpée	
1/2	poivron vert en dés	
1/2	poivron rouge en dés	
1	oignon haché	
1	pomme rouge non pelée en dés	
Persil, sel, poivre		

Bien mélanger le tout et verser cette vinaigrette dans le mélange :

VINAIGRETTE

1/2	cuil. à table d'huile	*120 ml*
2	cuil. à table de vinaigre de vin	*30 ml*
2	cuil. à table de jus de citron	*30 ml*
1	cuil. à table de moutarde sèche	*15 ml*
Sel, poivre, basilic, graines de sésame grillées		

Bien brasser et réfrigérer avant de servir.

Salade de blé

◆ ◆ ◆

Faire cuire:

1 tasse de blé et égoutter	*240 ml*

Laisser refroidir et mélanger avec:

1	oignon haché finement	
1 1/4	cuil. à thé de moutarde sèche	*5 ml*
3/4	tasse de mayonnaise	*180 ml*
Sel, poivre		
3	œufs cuits durs	
Croûtons en petits dés		

Laisser reposer 1 heure.

Servir avec de la tomate tranchée et du basilic.

Salade aux pois chiches

◆ ◆ ◆

3	tasses de pois chiches cuits	*720 ml*
2	tomates en morceaux	
1	oignon haché finement	
2	branches de céleri hachées finement	
1	poivron vert en petits dés	
1	poivron rouge en petits dés	
2	gousses d'ail hachées	

Persil haché au goût

Sel, poivre, estragon, ciboulette

1/4	tasse d'huile d'olive	*60 ml*

Jus d'un citron

1	cuil. à table de vinaigre de vin	30 ml

Bien mélanger le tout et réfrigérer quelques heures pour bien faire macérer.

Salade
de fèves mung germées

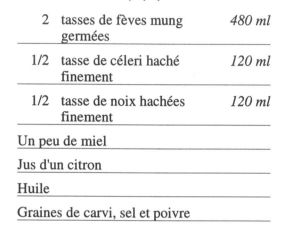

2	tasses de fèves mung germées	*480 ml*
1/2	tasse de céleri haché finement	*120 ml*
1/2	tasse de noix hachées finement	*120 ml*
Un peu de miel		
Jus d'un citron		
Huile		
Graines de carvi, sel et poivre		

On mélange le tout.

On peut servir sur des feuilles de laitue garnies de tomate.

Salade
à la luzerne germée

◆ ◆ ◆

1	tasse de carottes râpées finement	*240 ml*
1	tasse de chou râpé	*240 ml*
1	tasse de céleri en cubes	*240 ml*
1	pomme rouge non pelée en cubes	
1	tasse de luzerne germée	*240 ml*
2	cuil. à table de varech ou d'assaisonnement à base d'algues	*30 ml*

Sel et poivre

Mélanger les ingrédients et servir avec votre vinaigrette préférée.

Salade à l'aubergine

◆ ◆ ◆

Faire revenir :

1	oignon haché	
Un peu d'huile		

Ajouter et laisser mijoter 10 minutes :

1	aubergine en petits dés	
1	petit poivron vert haché	
1/2	tasse de champignons émincés	120 ml
3	gousses d'ail hachées	

Ajouter :

3/4	tasse de pâte de tomates	190 ml
1/2	tasse d'olives tranchées	120 ml
1/4	tasse d'eau	60 ml
2	cuil. à table de vinaigre de vin	30 ml
1 1/2	cuil. à thé de sucre brun	7 ml
1	cuil. à thé d'origan	4 ml
1 1/4	cuil. à thé de sel	5 ml
Poivre		

Couvrir et laisser mijoter 15 minutes. Refroidir et ajouter 4 cuil. à table d'huile d'olive *(60 ml)*. Bien mélanger. Meilleur si on laisse reposer une journée au réfrigérateur.

Salade de chou macéré

◆ ◆ ◆

Premier mélange :

1	gros chou émincé	
3	carottes râpées	
1	cuil. à thé de sel	*4 ml*
1	oignon haché	
Persil au goût		
1/4	tasse de jus de citron	*60 ml*

Laisser reposer 1 heure.

Deuxième mélange :

1/2	tasse de vinaigre de cidre	*120 ml*
1/4	tasse de sucre brun	*60 ml*
2	cuil. à thé de moutarde forte	*8 ml*
2	cuil. à thé de graines de céleri	*8 ml*

Chauffer jusqu'à ébullition, ne pas faire bouillir. Retirer du feu et ajouter 3/4 tasse *(190 ml)* d'huile. Refroidir et ajouter au premier mélange. Bien mélanger et réfrigérer. Meilleure après une journée de macération au réfrigérateur.

Salade au chou
et aux carottes

◆ ◆ ◆

1/2	chou émincé finement	
2	carottes râpées	
1	oignon haché	
1	cuil. à table de graines de carvi	15 ml
3/4	tasse de crème 15 %	180 ml
1/2	tasse de crème sure	120 ml
1	cuil. à table de moutarde forte	15 ml
Jus d'un citron		
1	cuil. à table de sucre	15 ml
1/2	cuil. à thé de sel	2 ml
1/4	cuil. à thé de poivre	1 ml
2	gousses d'ail hachées	

Mélanger le tout et laisser macérer au réfrigérateur quelques heures avant de servir.

Vinaigrette au miel

◆ ◆ ◆

1/2	oignon haché	
5	cuil. à table de jus de citron	*75 ml*
1	tasse d'huile	*240 ml*
3	cuil. à thé de graines de céleri	*12 ml*
1	cuil. à thé de moutarde en poudre	*4 ml*
1	cuil. à thé de sel végétal	*4 ml*
1/2	cuil. à thé de paprika en poudre	*2 ml*
1/2	tasse de miel	*125 ml*

Mettre le tout au mélangeur et battre à vitesse moyenne jusqu'à texture onctueuse.

Vinaigrette au yogourt

◆ ◆ ◆

1	tasse de yogourt nature	*240 ml*
1	tasse d'huile	*240 ml*
Sel au goût, poivre		
1	cuil. à thé comble de moutarde forte	*4 ml*
2	gousses d'ail hachées	

Ajouter au yogourt la moutarde, l'ail haché, le sel et le poivre. Verser en filet l'huile en brassant constamment avec le fouet comme si on montait une mayonnaise. Si trop épais, ajouter un peu d'eau froide. Garder réfrigérée.

Sauce à salade
au tofu

◆◆◆

1	tasse de tofu	*240 ml*
1	tasse d'huile	*240 ml*
Sel, poivre, marjolaine		
1	gousse d'ail	
Eau froide		

Mettre le tofu, l'ail et un peu d'eau froide dans le mélangeur, puis le partir en versant l'huile en filet. Si trop épais, ajouter un peu d'eau froide. Assaisonner.

Sauce à salade
à la luzerne

◆ ◆ ◆

1/2	tasse de luzerne germée	*120 ml*
1	tasse d'huile	*240 ml*
1/3	tasse de jus de citron	*80 ml*
1/2	cuil. à thé de sel	*2 ml*
2	cuil. à thé de graines de céleri	*8 ml*
1/2	oignon haché	
1	cuil. à table de miel	*15 ml*
Poivre		

Mettre le tout au mélangeur et liquéfier. Réfrigérer.

Se sert très bien avec la salade de betteraves, de carottes, etc.

Sauce César

◆ ◆ ◆

6	cuil. à table d'huile	*90 ml*
2	cuil. à table de vinaigre	*30 ml*
1	cuil. à table d'huile d'olive	*15 ml*
1	cuil. à table de jus de citron	*15 ml*
1	cuil. à thé de sel	*4 ml*
1	cuil. à thé d'estragon	*4 ml*
Sucre, poivre		
1	cuil. à thé de moutarde sèche	*4 ml*
1 à 2	gouttes de tabasco	
1	cuil. à thé de sauce tamari	*8 ml*
1 à 2	gousses d'ail hachées finement	
1	cuil. à thé de persil frais haché	*4 ml*
1	œuf	

Passer le tout au mélangeur. Incorporer à des feuilles de laitue romaine déchiquetées. Garnir de câpres, de croûtons et de parmesan râpé.

Mayonnaise

◆ ◆ ◆

3	œufs	
1/2	tasse d'huile	*120 ml*
1	cuil. à thé de moutarde	*4 ml*
1	cuil. à thé de miel	*4 ml*
2	cuil. à thé de vinaigre de cidre	*8 ml*
Sel, poivre		

Battre le tout d'une façon homogène puis ajouter en filet 1 1/2 tasse d'huile *(375 ml)* pour obtenir une texture crémeuse. Réfrigérer.

Sauce mayonnaise

◆ ◆ ◆

2	jaunes d'œufs	
2	tasses d'huile	*480 ml*
1	cuil. à table de vinaigre de cidre	*15 ml*
1/2	cuil. à thé de sel	*2 ml*
1/2	cuil. à thé de poivre	*2 ml*
1	cuil. à table de moutarde en poudre	*15 ml*

Mélanger la moutarde avec le vinaigre de cidre et ajouter les jaunes d'œufs, le sel et le poivre. Battre le tout ensemble. Incorporer l'huile goutte à goutte pour commencer et la laisser couler en petit filet quand la mayonnaise commence à prendre du corps. Ajouter finalement 1 cuil. à thé *(2 ml)* d'eau bouillante pour assurer son homogénéité.

Sauce à l'oseille

◆ ◆ ◆

1	tasse de feuilles d'oseille déchiquetées	*240 ml*
4	cuil. à table de yogourt nature	*60 ml*
4	cuil. à table de crème 15 %	*60 ml*
4	cuil. à table de crème sure	*60 ml*
Jus d'un citron		
1	cuil. à thé de moutarde forte	*4 ml*
Sel, poivre, persil		

Passer le tout au mélangeur. Garder au réfrigérateur. Cette sauce se sert très bien avec les salades, les œufs froids et même le poisson froid.

54

Notes

◆ ◆ ◆

Notes

◆ ◆ ◆

2

◆ ◆ ◆

LES SOUPES

◆ ◆ ◆

Le critère vous indiquant que vous avez su

manger correctement, c'est une sensation de

bien-être dans le plexus solaire ; pas seulement

dans l'estomac, mais dans le plexus solaire :

une sensation de force, de plénitude,

parce que vous avez nourri le plexus solaire

et qu'il est chargé des forces qu'il a retirées

de cette nourriture magique.

Vichyssoise

♦♦♦

1	cuil. à table de beurre	*15 ml*
1	oignon finement émincé	
2	poireaux hachés (partie blanche seulement)	
3	pommes de terre en morceaux	
6	tasses de bouillon de légumes clair	*1 440 ml*
1	cuil. à thé de sel	*4 ml*
1/2	tasse de crème 15 %	*120 ml*
1	pincée de poivre	

Dans une grande casserole, faire fondre le beurre sur feu moyen. Ajouter l'oignon et les poireaux. Les faire revenir, en remuant de temps à autre, de 8 à 10 minutes. Ajouter les pommes de terre, le bouillon et le sel, et porter le mélange à ébullition. Baisser le feu au minimum et faire mijoter de 15 à 20 minutes ou jusqu'à ce que les pommes de terre soient tendres. Retirer la casserole du feu et passer au mélangeur. Remettre la purée dans la casserole et incorporer la crème. Mettre la casserole sur feu doux et faire chauffer le potage 5 minutes, en remuant de temps à autre. Ne pas laisser bouillir. Goûter et ajouter du poivre si nécessaire. Mettre la vichyssoise dans une soupière chaude ou dans des bols individuels et servir saupoudrée de ciboulette fraîche hachée. Si vous la servez froide, la laisser refroidir à la température de la pièce, puis la mettre au réfrigérateur 1 heure.

Soupe tibétaine guérissante

1	cuil. à table de flocons de blé	*15 ml*
1	cuil. à table de flocons d'avoine	*15 ml*
2	branches de céleri	
2	cuil. à table de flocons de millet	*30 ml*
1	cuil. à table de graines de lin	*15 ml*

On cuit les ingrédients dans environ 4 à 8 tasses *(1 à 2 litres)* d'eau, à petit feu d'abord, environ 1 heure. Aux premiers bouillons, on ajoute petit à petit 4 à 8 tasses *(1 à 2 litres)* d'eau froide. La mousse blanche qui se forme doit être écumée. Plus grave sera la maladie, plus soigneusement on enlèvera cette mousse. On n'ajoute rien à cette soupe, pas de sel, etc. On boira au moins 8 à 12 tasses *(2 à 3 litres)* de la soupe en 2 fois, en l'espace d'une demi-heure chaque fois. Le mieux est de la boire dans un bol permettant d'inhaler en même temps la vapeur. Il faudrait inhaler autant que possible pendant la cuisson. Il est bon de boire la soupe guérissante à intervalles réguliers. Dans les cas de maladie bénigne, prendre le matin 2 à 3 fois par semaine; dans les cas graves, 4 à 5 fois par semaine. Le soir, les grains doivent être mangés enrichis. Ces céréales cuites

➡

agissent sur l'estomac et les intestins comme une brosse qui débarrasse parfaitement tous les dépôts et matières résiduaires ainsi que le fait le ramoneur en nettoyant les cheminées. Le tout représente une certaine philosophie. Avec l'habitude, on en vient à préparer la soupe aisément. L'essentiel est de s'en tenir strictement à la recette, sinon l'efficacité régénératrice et détergente perd de son intensité car l'harmonie des éléments n'est plus obtenue. Arrivant à dissoudre dans le corps toutes espèces de scories, cette soupe est incontestablement le meilleur moyen de guérison et elle n'a aucun effet secondaire.

Depuis des siècles, la soupe guérissante, dont la recette provient d'un couvent tibétain au pied de l'Himalaya, est la base de plusieurs approches de guérison. Toutes sortes de maladies aiguës et même chroniques ont été ainsi traitées.

Potage aux carottes

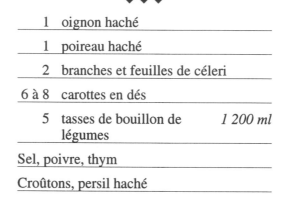

1	oignon haché	
1	poireau haché	
2	branches et feuilles de céleri	
6 à 8	carottes en dés	
5	tasses de bouillon de légumes	*1 200 ml*

Sel, poivre, thym

Croûtons, persil haché

Nettoyer et hacher les légumes. Cuire dans un peu d'huile, puis verser le bouillon chaud. Réduire le tout en purée. Assaisonner.

Servir décoré de persil haché et accompagné des croûtons.

Soupe aux algues
et au miso

◆◆◆

2	gousses d'ail hachées	
6	échalotes hachées	
2	oignons finement émincés	
1	bloc de tofu en petits cubes	*250 g*
2	cuil. à table de tamari	*30 ml*
8	tasses de thé bouillant ou de consommé aux légumes	*1 920 ml*
3	cuil. à table de miso	*45 ml*
1	tasse d'eau	*240 ml*
1/2	tasse d'algues Iziki gonflées dans	*120 ml*
1/2	tasse d'eau	*120 ml*
Sel, poivre		

Faire revenir dans une casserole, juste assez pour les faire tomber sans les brunir, les oignons, les échalotes et l'ail. Faire sauter à la poêle les cubes de tofu dans un peu d'huile pour les rôtir légèrement. Verser les 2 cuil. à table *(30 ml)* de tamari, mélanger aux oignons et mouiller avec le thé, le miso et l'eau. Assaisonner. Cuire quelques minutes puis ajouter les algues gonflées. Cuire et rectifier l'assaisonnement. On peut, si on le désire, y ajouter du vermicelle de riz quelques instants avant la fin de la cuisson.

Soupe à la tomate

◆◆◆

1	oignon haché	
1	branche de céleri hachée	
1	gousse d'ail hachée	
1	carotte râpée	
2	tasses de tomate écrasée	*480 ml*
1/4	tasse de farine d'avoine	*60 ml*
4 à 5	tasses d'eau bouillante	*960 ml à 1 200 ml*

Sel, poivre, basilic, huile

Faire revenir dans l'huile l'oignon et l'ail, puis y verser le céleri, la carotte et les assaisonnements. Faire revenir un peu puis, tout en brassant, y ajouter la farine et cuire quelques instants. Ajouter la tomate en brassant bien et y verser petit à petit l'eau bouillante. Cuire à feu doux de 15 à 20 minutes. Servir avec des croûtons.

Soupe
aux pois verts concassés

♦♦♦

2	tasses de pois vert concassés	*480 ml*
2	oignons hachés finement	
2	cuil. à table d'huile	*30 ml*
10	tasses d'eau bouillante	*1 200 ml*
3	carottes en rondelles	
Sel, poivre et thym		

Faire revenir dans une grande casserole les oignons dans l'huile. Y jeter les carottes en rondelles. Faire cuire quelques minutes, puis verser les pois verts concassés et cuire encore quelques minutes. Verser dessus l'eau bouillante. Assaisonner de sel, de poivre et de thym. Cuire en brassant de temps en temps environ 1 heure.

Servir très chaude. Garnir de dés de pommes de terre cuites.

Soupe aux légumes

◆◆◆

2	poireaux émincés	
1	oignon haché	
2	gousses d'ail hachées	
1	tasse de navet en cubes	*240 ml*
2	carottes en rondelles	
2	branches de céleri émincées	
1	tasse de pois verts frais ou congelés	*240 ml*
3	tomates en cubes	
1	tasse de maïs en grains	*240 ml*
8	tasses d'eau bouillante	*1 920 ml*
1	tasse de jus de tomate	*240 ml*
2	cuil. à table de moutarde sèche	*30 ml*
Sel, poivre, basilic, persil		

Faire revenir dans un peu d'huile l'oignon et les poireaux. Ajouter l'ail et cuire quelques minutes. Ajouter les carottes, le navet et le céleri et cuire quelques minutes pour les attendrir. Verser dessus l'eau bouillante et le jus de tomate. Assaisonner et incorporer en brassant les pois verts, le maïs et la tomate. Cuire encore 15 à 20 minutes en brassant régulièrement. Rectifier l'assaisonnement.

Se sert très bien avec des croûtons et des cubes de fromage.

Soupe au sarrasin

◆◆◆

Oignons		
Huile		
Pommes de terre ou autres légumes-racine au choix		
6 à 7	tasses d'eau	*1 500 ml*
Thym		
Laurier		
1/2	tasse de sarrasin	*120 ml*

Émincer des oignons et les faire blondir dans l'huile. Ajouter des pommes de terre, ou autres légumes-racine au choix, coupées en petits cubes, l'eau, le thym, le laurier et le sarrasin. Laisser bouillir 20 minutes sur feu doux. Passer le tout au mélangeur.

Une très bonne soupe d'hiver.

Soupe à l'orge

◆ ◆ ◆

6	tasse d'eau	*1 440 ml*
1/4	tasse d'orge émondée	*60 ml*
1	tasse de carottes en cubes	*240 ml*
1/2	tasse de céleri émincé	*120 ml*
1	oignon haché	
1/2	tasse de navet en cubes	*120 ml*
1/2	tasse de poireau émincé	*120 ml*
1	tasse de pois verts	*240 ml*
1	cuil. à table d'huile	*15 ml*
3	cuil. à table de tamari	*45 ml*
Sel et poivre, thym, sarriette, persil haché		

Cuire l'orge dans les 6 tasses d'eau à feu moyen pendant environ 30 minutes. Ajouter les légumes et les assaisonnements. Cuire encore à feu moyen pendant 30 minutes. Ajouter un peu d'eau si trop épaisse. Rectifier l'assaisonnement.

Soupe à l'oignon et au tofu

◆ ◆ ◆

5	gros oignons émincés	
1	bloc de tofu coupé en dés	*250 g*
3/4	tasse de bière	*180 ml*
1/8	tasse de tamari	*30 ml*
3	cuil. à table de levure alimentaire	*45 ml*
1	cuil. à thé d'origan	*4 ml*
8	tasses d'eau bouillante	*1 920 ml*
Poivre, huile		

Faire revenir dans l'huile les oignons émincés et y ajouter les morceaux de tofu. Bien rôtir. Verser le tamari, la levure alimentaire et la bière tout en brassant. Assaisonner. Verser l'eau bouillante. Cuire à feu doux pendant 20 minutes.

Servir avec des croûtons au fromage.

Soupe à la citrouille dans la citrouille

◆◆◆

1	citrouille de 10 lb environ	*4,5 kg*
3	tasses de lait	*720 ml*
1	tasse de crème 15 %	*240 ml*
4	tasses de bouillon de légumes	*960 ml*
1	oignon haché très finement	
Sel, poivre, thym, ail		

Faire une ouverture sur le dessus de la citrouille. Vider le centre de la citrouille sans enlever la chair. Hacher l'oignon et l'ail et les mettre dans la citrouille. Verser le liquide et assaisonner. Fermer avec le morceau enlevé au début. Cuire au four à 350°F *(180°C)* dans un plat profond pendant 2 heures à 2 1/2 heures. Détacher la chair avec précaution, pour ne pas crever la citrouille, et bien mélanger.

Servir sur la table, dans la citrouille comme soupière, avec des croûtons.

Potage Saint-Germain

❖❖❖

2	tasses de pois verts cassés	*480 ml*
8 à 10	tasses d'eau ou de bouillon de légumes	*1 920 ml à 2 400 ml*
4	cuil. à table d'huile	*60 ml*
2	oignons émincés	
2	pommes de terre en cubes	
Thym, persil		
Sel, poivre		

Cuire environ 1 heure les pois verts cassés dans le bouillon ou l'eau. Ajouter les légumes et les épices pour encore 1/2 heure de cuisson environ.

Servir très chaud et saupoudré d'un peu de carotte râpée mêlée à de la ciboulette hachée.

Crème de panais

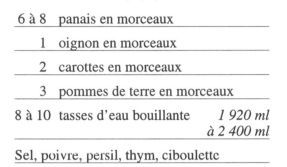

6 à 8	panais en morceaux
1	oignon en morceaux
2	carottes en morceaux
3	pommes de terre en morceaux
8 à 10	tasses d'eau bouillante *1 920 ml à 2 400 ml*

Sel, poivre, persil, thym, ciboulette

Peler les légumes et les couper en morceaux. Faire revenir dans l'huile les oignons, les carottes et les panais quelques minutes et y ajouter les pommes de terre et les assaisonnements. Cuire quelques minutes et verser l'eau bouillante en brassant bien. Cuire à feu moyen pendant 20 minutes. Passer au mélangeur en y ajoutant 2 cuil. à table *(45 ml)* de lait en poudre. Rectifier l'assaisonnement et servir très chaud.

Crème de maïs

◆◆◆

2	tasses de maïs (partie en crème, partie en grains)	*480 ml*
2	pommes de terre	
1	oignon	
1	poivron rouge en dés (garniture)	
Thym, paprika		
8	tasses d'eau de cuisson et eau bouillante	*1 920 ml*
Sel, poivre		
Crème 15 %, si désiré		

Peler les pommes de terre, les couper en dés, les cuire dans l'eau salée une dizaine de minutes. Mettre en crème au mélangeur une partie du maïs. Faire revenir l'oignon dans un grand chaudron avec de l'huile. Y ajouter le maïs et les pommes de terre. Assaisonner, puis mouiller avec un peu d'eau de cuisson des pommes de terre et un peu de bouillon de légumes. Cuire jusqu'à ce que les saveurs se mêlent.

Servir chaude avec quelques dés de poivron rouge en garniture.

Notes

♦ ♦ ♦

3

◆◆◆

LES PAINS

◆◆◆

L'énergie solaire est condensée dans les fruits

et les légumes qui nous servent d'aliments.

Il faut donc savoir extraire cette énergie

et la distribuer dans des centres déterminés

de notre être. Mais cela n'est possible

que par un travail de la pensée.

Seule la pensée consciente qui se concentre

sur la nourriture est capable de l'ouvrir

pour libérer l'énergie emprisonnée.

JOIE ET SANTÉ PAR LE PAIN

◆◆◆

Jadis, dans l'Inde antique, régnait un roi du nom de Ridur. Ce roi était considéré par son peuple comme un grand initié. Son enseignement était d'une sagesse remarquable. Jamais dans l'histoire de l'humanité, dit-on, il n'y eut un peuple aussi harmonieux, aussi comblé. Il ne connaissait ni maladie ni guerre.

C'était à une époque où le pain était considéré comme un aliment sacré. Le pain avait une telle importance qu'il était interdit d'en faire le commerce. Pétrir et partager son pain étaient la règle. Plus tard, lorsqu'on se mit à vendre le pain, la discorde et la guerre apparurent, car l'on avait transgressé une grande loi spirituelle.

Les initiés disent aussi que le blé n'existait pas sur Terre et qu'il fut apporté en cadeau à l'humanité par une civilisation avancée venue d'ailleurs. Une chose est certaine : cette céréale contient à elle seule tous les principaux éléments contenus dans le corps humain. Cette céréale est donc la plus complète et la plus apte à entretenir la vie et à développer la santé spirituelle.

Donc, apprenons à faire et à partager notre pain et ses recettes.

Pain de seigle germé

◆◆◆

1	tasse de seigle germé (24 heures)	*240 ml*
1	tasse d'eau	*240 ml*

Faire bouillir 10 à 15 minutes et passer au mélangeur. Laisser en attente et garder tiède.

1 1/2	tasse d'eau tiède	*360 ml*
4	tasses de farine	*960 ml*
2	cuil. à table de sel	*30 ml*
4	cuil. à table d'huile	*60 ml*

Mélanger le tout dans un bol.

Préparer :

3	cuil. à table de levure sèche	*45 ml*
1/2	tasse d'eau	*120 ml*
1	cuil. à table de miel	*30 ml*

Laisser gonfler le tout, puis verser sur le mélange de farine en y incorporant la purée de seigle tiède. Mélanger le tout et pétrir jusqu'à consistance élastique. Placer dans un bol huilé et couvrir. Laisser lever pendant 1 heure. Retirer, former 3 boules et pétrir chacune, puis placer dans des moules huilés. Laisser lever pendant 1 heure. Cuire au four à 350°F *(180°C)* pendant 60 minutes. Démouler au sortir du four.

Notre pain quotidien

◆ ◆ ◆

Dans :

1	tasse d'eau de source	240 ml
	ou, mieux, du jus récupéré	
	d'une cuisson de légumes	
	à la vapeur	
	(ce liquide doit être tiède)	

Ajouter :

1	cuil. à table de miel	*15 ml*
	ou sucre nature style Turbinado	
	ou sucre de canne brun foncé	
1/2	cuil. à thé de sel de mer	*2 ml*
1/4	tasse d'huile végétale	*60 ml*

Brasser le tout à la spatule de bois tout en versant un sachet de levure sèche du type active ou rapide. Ensuite, mélanger :

1 1/2	tasse de farine de blé dur	*360 ml*
1 1/2	tasse de farine d'avoine	*360 ml*
1 1/2	tasse de farine de seigle	*360 ml*
	ou d'orge ou de millet	
	ou de fèves moulues	

Si la farine de seigle est employée, ajouter 1/2 cuil. à thé *(2 ml)* de graines de carvi moulues. Une fois la levure gonflée, verser dans la farine et bien brasser. Fouetter vigoureusement la pâte ; ceci

➡

développe le gluten. Ajouter de la farine jusqu'à ce que la pâte ne colle plus au contenant. Ensuite, pétrir de 5 à 7 minutes. Le pétrissage allège le pain. Mettre le pain dans 2 ou 3 petits bols de verre enfarinés ou huilés. La cuisson de petits pains est plus complète et plus uniforme. Laisser reposer dans un endroit chaud pendant 45 minutes, couvert d'un linge propre et à l'abri des courants d'air. Ensuite, mettre au four à 400 °F *(200 °C)* pendant 15 à 20 minutes, jusqu'à obtenir une croûte brun-doré. Laisser refroidir sous des sacs de plastique pour ramollir un peu la croûte et ranger les pains dans un linge de coton.

Pain de maïs

◆ ◆ ◆

2	tasse de lait	*480 ml*
1	tasse d'eau	*240 ml*
2	cuil. à thé de sel	
3	cuil. à table de miel	*45 ml*
2	cuil. à table de levure sèche	*30 ml*
1	tasse de semoule de maïs fine	*240 ml*
6	tasses de farine de blé	*1 440 ml*

Chauffer l'eau, le lait, le sel et le miel. Laissez tiédir dans un bol. Ajouter la levure et la farine en brassant vigoureusement à la spatule de bois. Laisser reposer une quinzaine de minutes. Pétrir sur une surface enfarinée une dizaine de minutes. Replacer dans le bol huilé et laisser lever pendant 1 heure en recouvrant d'un linge. Retirer et séparer en 2 boules et pétrir de nouveau quelques minutes. Placer dans des moules huilés et laisser doubler de volume. Cuire au four à 350°F *(180°C)* pendant 40 à 45 minutes. Démouler au sortir du four.

Pain de blé simple

◆◆◆

1	cuil. à table de levure sèche	*15 ml*
1	cuil. à table de sucre	*15 ml*
1/4	tasse d'eau tiède	*60 ml*

Laisser gonfler à couvert pendant 10 minutes.

2/3	tasse d'eau tiède	*100 ml*
1	cuil. à table d'huile	*15 ml*
1	cuil. à thé de sel	*4 ml*
1 1/2	tasse de farine de blé	*360 ml*

Mélanger farine et sel dans un bol. Faire une fontaine dedans et y verser la levure gonflée et l'eau tiède. Mêler vigoureusement à la spatule jusqu'à obtenir une pâte élastique. Retirer du bol. Sur une planche enfarinée, pétrir quelques minutes et replacer dans un bol huilé. Laisser gonfler du double. Retirer et pétrir. Placer dans un moule huilé. Laisser lever encore du double. Cuire au four à 350°F *(180°C)* pendant 35 minutes environ. Démouler au sortir du four.

Pain vitalisé

◆ ◆ ◆

Faire tremper dans l'eau pendant 48 heures (ce qui vitalisera les grains) :

2	tasses de grains de blé	*480 ml*
1	tasse de grains de seigle	*240 ml*
1/2	tasse de grains d'orge	*120 ml*
1/2	tasse de grains d'avoine	*120 ml*

Une fois le temps écoulé, rincer et passer au hachoir.

La veille de la boulange, diluer dans un bol de verre :

5	cuil. à table de levain (voir recette page 85)	*75 ml*
1	tasse d'eau de source	*240 ml*
1	tasse de farine de blé	*240 ml*

Puis, dans un autre bol :

1	tasse de farine de blé	*240 ml*
1	cuil. à thé de miel	*4 ml*
3	cuil. à thé de sel de mer	*12 ml*
3	cuil. à table d'huile	*45 ml*

➡

Après avoir brassé, recouvrir les 2 bols d'un linge humide. Le lendemain matin, passer les grains vitalisés au hachoir. Retirer du premier bol 5 cuil. à table *(75 ml)* du mélange et remettre à lever. Mélanger les contenus des 2 bols, ajouter la pâte de grains hachés et épaissir avec de la farine de blé à 100 %. Pétrir 7 à 12 minutes jusqu'à obtention d'une pâte souple et non collante. Confectionner 2 boules. Placer les boules dans des bols de 6 pouces *(15 cm)* de diamètre bien huilés. Faire lever au four à la chaleur d'une lumière de 40 W durant 5 à 7 heures, jusqu'à ce que la pâte ait doublé de volume. Cuire au four à 350 °F *(180 °C)* pendant 1 heure, puis laisser refroidir lentement, la porte du four entrouverte. Une fois à la température de la pièce, envelopper les pains d'un linge de coton et les ranger dans un endroit frais. Ils se conserveront des semaines sans moisir.

Levain:

1 1/2	tasse de farine de blé	*360 ml*
1	enveloppe de levure sèche	
1 1/2	tasse d'eau tiède	*360 ml*
2	cuil. à table de miel	*30 ml*

Mélanger. Laisser reposer et fermenter 12 à 24 heures dans un endroit fermé.

Peut servir dans toute recette de pain au levain.

Pain de protéines

◆◆◆

1/4	tasse d'eau tiède	60 ml
2	cuil. à table de levure sèche	30 ml
1	cuil. à thé de miel	4 ml
5	tasses de farine de blé dur	1 200 ml
1	tasse de farine de soya	240 ml
1/4	tasse de germe de blé	60 ml
2	tasses d'eau tiède	480 ml
1/3	tasse d'huile	80 ml
1/4	tasse de miel	60 ml
2	cuil. à thé de sel	8 ml
1/2	tasse de lait en poudre	120 ml

Dissoudre la levure dans l'eau tiède additionnée du miel et laisser reposer 10 minutes. Dans un grand bol, mélanger l'eau tiède, l'huile, le miel, le sel, et y ajouter la levure. Mélanger 1 tasse *(240 ml)* de farine de blé avec la farine de soya, le lait en poudre et le germe de blé. En travaillant toujours à la cuillère de bois, incorporer au mélange le plus de farine possible. Renverser ensuite la pâte dans un bol huilé et laisser lever environ 1 heure. Retirer la pâte et l'abaisser d'un coup de poing. Pétrir de nouveau. Façonner en 2 pains et les déposer dans des moules à pain huilés. Laisser lever une seconde fois pendant 1 heure. Cuire au four à 350 °F *(180 °C)* pendant 40 à 45 minutes.

Pain aux noix

♦ ♦ ♦

1	sachet de levure sèche	
1	cuil. à thé de sucre	*4 ml*
1/4	tasse d'eau tiède	*60 ml*

Dans un petit bol, faire gonfler la levure dans l'eau et le sucre.

Mélanger dans un grand bol :

1	tasse de lait tiède	*240 ml*
1	tasse d'eau tiède	*240 ml*
2/3	tasse de sucre	*160 ml*
2	cuil. à table de beurre fondu	*30 ml*
1/8	tasse d'huile	*30 ml*
2 1/2	cuil. à thé de sel	*9 ml*
1/2	tasse de noix hachées	*120 ml*

Ajouter au mélange la levure gonflée et 3 tasses *(720 ml)* de farine. Bien brasser à la spatule de bois. Y incorporer la 1/2 tasse de noix hachées puis 3 tasses *(720 ml)* de farine. La pâte doit être élastique. Sortir du bol et pétrir sur une surface enfarinée pendant 10 minutes. Placer la boule de pâte dans un plat huilé et couvrir. Laisser lever 1 heure. Ensuite, retirer, rompre d'un coup de poing et pétrir encore quelques minutes. Placer dans 2 moules à pain huilés et laisser lever encore du double. Cuire au four à 350 °F *(180 °C)* pendant 40 à 45 minutes.

Pain à la citrouille

◆◆◆

1	cuil. à table de levure sèche	*15 ml*
1/2	tasse d'eau tiède	*120 ml*
1	cuil. à thé de sucre	*4 ml*
7	tasses de farine de blé dur	*1 680 ml*
1	tasse de lait chaud	*240 ml*
3	cuil. à table de mélasse	*45 ml*
2	cuil. à table de beurre fondu	*30 ml*
1	œuf battu	
3/4	tasse de purée de citrouille	*180 ml*
1	cuil. à thé de cannelle	*4 ml*
1	cuil. à thé de muscade	*4 ml*

Mettre le sucre dans l'eau tiède, en saupoudrer la levure et laisser gonfler 10 minutes. Mélanger dans un bol le lait, la mélasse, le beurre fondu, l'œuf battu, la purée de citrouille, la muscade et la cannelle. Incorporer à ce mélange la levure gonflée. Ajouter la farine petit à petit. Retirer du bol et pétrir 10 minutes. Remettre dans le bol huilé et laisser gonfler environ 1 heure. Sortir du bol et repétrir 5 minutes. Former un rectangle à l'aide d'un rouleau à pâte, badigeonner de beurre fondu et saupoudrer de cannelle. Rouler et diviser en 2 pour former 2 pains. Mettre dans des moules. Cuire au four à 350°F *(180°C)* pendant 40 à 45 minutes.

Pain à froid

◆ ◆ ◆

1	cuil. à table de levure	*15 ml*
1/2	tasse d'eau tiède	*120 ml*
1	cuil. à thé de miel	*4 ml*
4	tasses de farine	*960 ml*
1	œuf battu	
2	cuil. à table de miel	*30 ml*
4	cuil. à table d'huile	*60 ml*
2	cuil. à thé de sel	*8 ml*
1 1/2	tasse d'eau bouillante	*360 ml*
Huile		

Dissoudre la levure dans l'eau tiède additionnée de miel et laisser reposer 10 minutes. Mélanger le miel, l'huile, le sel et l'eau bouillante. Laisser tiédir. Incorporer ces 2 mélanges. Y ajouter d'un coup 2 tasses *(480 ml)* de farine. Brasser et ajouter l'œuf battu. Pétrir. Ajouter encore 2 tasses *(480 ml)* de farine en pétrissant; à cette étape, la pâte est collante. Déposer dans un bol huilé couvert d'un linge. Garder au réfrigérateur toute la nuit. Le lendemain matin, diviser la pâte en 2 et pétrir quelques minutes jusqu'à élasticité. Laisser reposer 5 à 10 minutes dans des moules huilés. Cuire au four à 375 °F *(190 °C)* pendant 1 heure.

89

Pain vivant
sans autres ingrédients

◆ ◆ ◆

1 1/2	tasse de blé mou	360 ml
Fines herbes (facultatif)		
Sel ou épices		

Faire germer légèrement le blé mou, environ 2 jours, afin de vitaliser les grains. Ensuite, passer au moulin pour en faire une pâte homogène. On peut ajouter à ce stade les fines herbes, un peu de sel ou les épices pour varier le goût. Étendre ensuite la pâte dans un plat de pyrex huilé et recouvrir. Cuire doucement au four à 240°F *(120°C)* de 2 à 4 heures.

Donne un pain délicieux, sain, au goût légèrement sucré et tendre.

Notes

•••

Notes

❖ ❖ ❖

4

♦♦♦

LES PLATS

♦♦♦

La nutrition est une sorte de radiesthésie.

Chaque être, chaque objet émet des radiations

particulières et le radiesthésiste est celui qui

sait capter ces radiations et les interpréter.

Or, la nourriture a reçu des radiations du

cosmos tout entier; le soleil, les étoiles,

l'atmosphère, les quatre éléments ont laissé

sur elle des empreintes invisibles, mais réelles;

ils l'ont imprégnée de toutes sortes de

particules, de forces, d'énergies.

Si les humains étaient conscients,

s'ils savaient la richesse et la valeur

de la nourriture, s'ils pensaient à

remercier le ciel et à se montrer pleins

d'amour et de reconnaissance,

ils pourraient découvrir, capter, recevoir,

déchiffrer tous ces messages célestes.

Crêpes au sarrasin

◆◆◆

1	tasse de farine de blé	*240 ml*
1	tasse de farine de sarrasin	*240 ml*
2	cuil. à table de sucre brun	*30 ml*
3	cuil. à thé de poudre à pâte	*12 ml*
1	cuil. à thé de sel	*4 ml*
2	œufs battus	
4	cuil. à thé de lait en poudre diluée dans	*16 ml*
1 1/2	tasse d'eau	*360 ml*
5	cuil. à table d'huile	*75 ml*
1	cuil. à thé de vanille	*4 ml*

Mêler ensemble les farines, la poudre à pâte et le sel. Battre les œufs en mousse et y ajouter le lait, le sucre, la vanille et l'huile. Incorporer le tout jusqu'à consistance homogène. Verser dans une poêle très chaude en petite quantité et faire dorer.

Servir avec de la mélasse et un peu de beurre.

Crêpes
de sarrasin vitalisées

◆ ◆ ◆

1	tasse de sarrasin blanc	*240 ml*
1	œuf	
1	pincée de sel	
1 1/4	tasse de lait	*300 ml*
1	cuil. à thé de graines de carvi	*4 ml*
1	pincée de poivre noir	

Passer le tout au mélangeur et cuire à la poêle dans un peu d'huile.

VARIANTES

Étendre le mélange sur des fruits ou des légumes déjà revenus dans la poêle (bleuets, pommes, broco-li, échalote, etc.).

Crêpes au ricotta

◆◆◆

1	tasse de farine	*240 ml*
1/2	cuil. à thé de sel	*2 ml*
2	œufs	
3	cuil. à table de crème 15 %	*45 ml*
1	cuil. à table de lait	*15 ml*
1	cuil. à thé de poudre à pâte	*4 ml*
16	oz de fromage ricotta	*450 g*
2	jaunes d'œufs	
1	cuil. à table de beurre fondu	*15 ml*
Cannelle		

Tamiser ensemble les ingrédients secs, y ajouter le ricotta et bien mélanger. Battre ensemble les œufs, les jaunes d'œufs et la crème, puis ajouter au mélange de farine et de ricotta. Brasser jusqu'à l'obtention d'une pâte lisse. Ajouter le beurre fondu et mélanger. Si la pâte est trop épaisse, ajouter graduellement un peu de lait. Faire chauffer un poêlon huilé et verser la pâte à l'aide d'une cuillère. Cuire d'un côté puis de l'autre. Étendre du ricotta selon votre goût entre chaque crêpe et saupoudrer de cannelle.

Servir avec du sirop d'érable.

Donne 8 à 10 crêpes.

Quiche aux 3 fromages

◆◆◆

6	onces de fromage à la crème	*175 g*
3	oz de fromage bleu	*87,5 g*
3	cuil. à table de fromage parmesan	*45 ml*
3	cuil. à table de beurre mou	*45 ml*
3	œufs battus	
1 1/2	tasse de lait	*360 ml*
Persil, ciboulette		
Sel, poivre, muscade		
1	fond de tarte	

Battre ensemble le fromage à la crème, le fromage bleu et le beurre. Ajouter les œufs battus, le parmesan et les autres ingrédients. Bien mélanger au fouet pour que le tout soit bien moussé. Verser dans le fond de tarte. Cuire au four à 350 °F *(180 °C)* pendant 30 minutes ou jusqu'à ce qu'un couteau enfoncé au centre en ressorte sec.

Quiche aux oignons

◆ ◆ ◆

3	œufs	
Sel, poivre, romarin		
1	fond de tarte	
1	tasse de lait	*240 ml*
3	oignons moyens émincés	
1	tasse de fromage râpé	*240 ml*

Faire revenir les oignons émincés dans un peu d'huile sans les brunir. Assaisonner de romarin et placer dans le fond de tarte. Recouvrir du mélange de lait, œufs, sel et poivre. Recouvrir de fromage râpé. Cuire au four à 350 °F *(180 °C)* pendant 30 minutes.

Soufflé aux courgettes

◆◆◆

6	petites courgettes	
2	pommes de terre en purée	
1	petit navet en purée	
4	blancs d'œufs	
Sel, poivre, basilic		
2	tomates hachées	
2	oignons émincés	
2	gousses d'ail	
4	jaunes d'œufs	
1/4	tasse de fromage râpé	*60 ml*

Râper les courgettes puis les ajouter aux purées de navet et de pommes de terre. Hacher les tomates, émincer les oignons, hacher les gousses d'ail et ajouter le tout aux courgettes. Battre les jaunes d'œufs et les ajouter avec le fromage et les assaisonnements au reste du mélange. Battre les blancs d'œufs en neige et les incorporer délicatement au mélange. Mettre le tout dans un moule à soufflé beurré. Cuire au four à 350°F *(180°C)* pendant 30 à 35 minutes.

Soufflé au fromage

◆ ◆ ◆

1/4	tasse de beurre	*60 ml*
1 1/4	tasse de fromage râpé	*300 ml*
4	cuil. à table de farine	*60 ml*
Sel, poivre		
1 1/4	tasse de lait	*300 ml*
5	jaunes d'œufs	
5	blancs d'œufs	
Muscade, paprika, macis		

Dans une grande casserole, faire fondre le beurre. Y ajouter la farine et bien brasser. Ajouter le lait en filet et brasser sans arrêt jusqu'à épaississement. Assaisonner, puis retirer du feu et y verser le fromage râpé et les jaunes d'œufs battus. Dans un grand bol, battre les blancs d'œufs en neige ferme et les incorporer délicatement au mélange. Verser dans un moule beurré. Cuire à 350°F *(180°C)* pendant 40 à 45 minutes. Servir immédiatement au sortir du four. Pour différents soufflés à la saveur de votre choix, il suffit d'ajouter des légumes précuits hachés finement et égouttés. Pour que votre soufflé ne se dégonfle presque pas, il suffit de placer un collet tout autour de votre plat, fait avec un morceau de papier d'aluminium beurré, puis de verser votre mélange jusqu'aux 3/4 de ce collet.

Tarte aux légumes

◆ ◆ ◆

1	oignon tranché mince	
1	tasse de fromage râpé	*240 ml*
1/2	cuil. à thé de sel	*2 ml*
1	pincée de poivre	
1	carotte râpée	
1 1/2	tasse de chou-fleur et brocoli émincés	*360 ml*
1 1/2	tasse de lait	*360 ml*
2	œufs	
1/2	cuil. à thé de moutarde sèche	*2 ml*
1	fond de tarte	

Étendre les oignons sur la croûte. Ajouter les légumes et couvrir du fromage râpé. Battre ensemble les œufs, le lait et les assaisonnements. Verser sur le fromage et les légumes. Cuire au four à 375°F *(190°C)* pendant 40 minutes, jusqu'à ce que le tout soit doré et bien pris. Laisser refroidir 5 minutes à la température de la pièce, couper et servir.

Pâté chinois au kasha

◆◆◆

Premier mélange :

2	tasses de kasha	480 ml
1	tasse d'eau	240 ml

Faire gonfler, égoutter et faire griller à la poêle dans un peu d'huile.

Deuxième mélange :

2	œufs battus	
2	oignons hachés	
2	gousses d'ail hachées	
1/4	tasse de levure de bière	60 ml
1	tasse de mie de pain émiettée	240 ml
1	tasse de flocons d'avoine	240 ml
	Sel, poivre, thym	
2	tasses de purée de pommes de terre	480 ml
1	tasse de maïs en crème	
	Paprika, noisettes de beurre.	

Mélanger et griller à la poêle dans un peu d'huile.

Incorporer les premier et deuxième mélanges et placer dans un plat huilé allant au four. Verser le maïs en crème puis étaler la purée de pommes de terre. Découper quelques noisettes de beurre sur le dessus et saupoudrer de paprika. Cuire à 350°F *(180°C)* pendant 25 à 30 minutes.

Pâté chinois
aux fèves germées

2	tasses de fèves mung germées *480 ml* et hachées
2	branches de céleri en dés
Champignons au goût	
Purée de pommes de terre	
Paprika	
3	oignons hachés finement
1	carotte râpée
Sel, poivre	
Maïs en grains	

Faire revenir dans un peu d'huile les oignons, le céleri, la carotte râpée et les champignons. Assaisonner, puis ajouter les fèves germées et laisser cuire quelques minutes. Mettre le tout dans le fond d'un plat allant au four et recouvrir du maïs en grains, puis de la purée de pommes de terre. Déposer quelques noisettes de beurre et saupoudrer de paprika. Cuire à 350 °F *(180 °C)* de 20 à 25 minutes.

Pâté aux pois chiches

◆ ◆ ◆

1	tasse de jus de pomme	*240 ml*
1	tasse de pois chiches cuits et écrasés	*240 ml*
1	tasse de mie de pain	*240 ml*
1	branche de céleri hachée	
1	œuf	
1	carotte râpée	
2	oignons hachés	
3/4	tasse de fromage râpé	*180 ml*
2 à 3	cuil. à table de tamari	*30 ml à 45 ml*

Fines herbes, sel, poivre

Mélanger le tout. Verser dans un plat huilé. Cuire au four à 350°F *(180°C)* pendant 40 minutes. Se sert très bien avec une sauce aux pommes :

Jus de pomme

Eau froide

Fécule de maïs

Délayer la fécule dans de l'eau froide et verser dans le jus de pomme. Chauffer jusqu'à épaississement.

105

Pâté au millet

❖ ❖ ❖

1	tasse de millet	*240 ml*
3	oignons	
Fromage cheddar râpé		
Échalotes, thym		
3	carottes	
5	pommes de terre en purée	
Sel, poivre, tamari		
Basilic, persil		

Faire cuire le millet assaisonné avec les herbes et le tamari. D'autre part, faire frire les légumes dans l'huile. Préparer la purée de pommes de terre avec de l'échalote, du sel d'ail, sel et poivre. Assaisonner les légumes. Étaler le millet dans le fond d'un plat huilé allant au four. Placer les légumes dessus et étendre la purée de pommes de terre. Couvrir de fromage râpé. Gratiner au four environ 15 minutes.

Se sert bien avec une sauce légèrement tomatée.

106

Millet aux pois verts

◆ ◆ ◆

1/4	tasse de beurre	*60 ml*
2	gros oignons	
3/4	tasse de millet	*180 ml*
3	tasses de bouillon de légumes	*720 ml*
2	tasses de pois verts	*480 ml*
Thym, sel, poivre		
Champignons		

Faire revenir les oignons dans le beurre, ajouter le millet et le faire dorer. Amener à ébullition le bouillon de légumes et verser sur le millet. Ajouter le thym, le sel et le poivre. Faire cuire 15 minutes. Ajouter les pois verts et laisser cuire 10 à 15 minutes. Faire sauter les champignons et ajouter au mélange.

Blé du matin

◆ ◆ ◆

Blé cuit

Amandes

Noix, noisettes

Dattes

Raisins

Biscottes broyées

Cannelle

Un peu de jus de blé

Mélanger le tout au blé cuit et manger en masti-
quant bien et longuement. Donne d'immenses forces.
Si vous avez cuit le blé le matin, ne le faites pas
chauffer de nouveau le soir, car il prendrait un goût
désagréable. Si vous pensez qu'il sera trop froid, le
mettre près d'une source de chaleur pour le tiédir.

Blé aux champignons

◆◆◆

4	tasses de blé entier cuit	*960 ml*
1	oignon haché	
1	gousse d'ail	
4	tasses de champignons émincés	*960 ml*
2	carottes en cubes	
1	tasse de navet en cubes	*240 ml*

Marjolaine, sel et poivre

Croûtons de pain pour couvrir le blé

Huile d'olive

Faire revenir l'oignon, l'ail et les champignons dans un peu d'huile. Y ajouter les carottes et le navet. Cuire quelques minutes pour les attendrir. Mélanger tous les ingrédients et placer dans un plat huilé allant au four. Couvrir de croûtons de pain badigeonnés d'un peu d'huile d'olive. Cuire à 350°F *(180°C)* pendant 15 à 20 minutes.

Kasha à la tomate

◆ ◆ ◆

5	cuil. à table d'huile	*75 ml*
1	oignon	
5	gousses d'ail	
1	tasse de champignons	*240 ml*
Sel, poivre		
Sarriette, sauge, huile		
6	tomates en tranches	
1/2	tasse de fromage râpé	*120 ml*
1 1/2	tasse de kasha	*360 ml*
1/4	tasse de tamari	*60 ml*
1/4	tasse de bouillon de légumes	*60 ml*

Faire revenir l'oignon et l'ail dans l'huile. Y ajouter après quelques minutes les champignons émincés et ensuite le kasha qui aura préalablement trempé quelques minutes recouvert d'eau et que vous aurez égoutté. Laisser griller et assaisonner. Badigeonner d'un peu d'huile un plat allant au four. Verser une partie du mélange, puis des tranches de tomate, une couche de fromage et un peu de beurre. Recommencer jusqu'à ce que le tout soit utilisé. Verser dessus le tamari et le bouillon de légumes. Cuire à 350°F *(180°C)* pendant 25 à 30 minutes.

Millet au chou

◆◆◆

4	tasses de millet cuit	*960 ml*
2	cuil. à table de tamari	*30 ml*
2	cuil. à table de fécule de marante	*30 ml*
2	œufs	
1	tasse de jus de tomate	*240 ml*
2	oignons	
1/2	chou en fines lanières	
2	cuil. à table d'huile	*30 ml*
Sel, poivre, muscade		
1/4	tasse de fromage râpé	*60 ml*

Hacher les oignons et les faire revenir dans l'huile jusqu'à ce qu'ils soient dorés. Ajouter le chou en lanières, 2 cuil. à table *(30 ml)* de bouillon de légumes, le tamari, le sel, la muscade et le jus de tomate. Lier avec de la fécule de marante délayée dans un peu d'eau froide. Dans un autre bol, mélanger le millet avec un oignon haché doré dans un peu d'huile et un peu de tamari. Dans un plat huilé allant au four, alterner millet et chou jusqu'à remplissage. Verser les œufs battus sur le tout et saupoudrer de fromage râpé. Cuire à 375 °F *(190 °C)* pendant 15 à 20 minutes.

Couscous à l'américaine

◆◆◆

1	tasse de couscous non cuit	*240 ml*
5	carottes	
1/2	navet	
3	pommes de terre	
Ail, sel, poivre, cayenne		
Thym, basilic, laurier		
1/2	chou	
2	branches de céleri	
1	poivron vert	
3	oignons	
3	tomates	
Piment fort, cari, huile		

Couper les légumes en morceaux moyens et les faire revenir dans l'huile à l'étouffée pendant 15 à 20 minutes. Mettre les assaisonnements au goût en partie ou en totalité et verser de l'eau bouillante à moitié du chaudron. Cuire à feu moyen pendant 1 heure en brassant de temps en temps. Mettre le couscous non cuit dans le fond d'un bol de service profond. Assaisonner de sel, poivre, thym, huile et basilic. Couvrir de 1 1/2 tasse d'eau bouillante et laisser gonfler jusqu'à ce que ce soit bien tendre et floconneux.

Servir dans ce plat, le couscous au centre et les légumes autour.

Céleri et amandes au gratin

◆◆◆

4	tasses de céleri tranché	*1 000 ml*
1/4	tasse d'huile	*60 ml*
1	tasse d'amandes	*240 ml*
1/4	tasse de farine	*60 ml*
1	tasse de lait	*240 ml*
1	tasse de bouillon de légumes	*240 ml*
Sel, poivre, cerfeuil		
Fromage râpé		

Faire revenir le céleri dans l'huile, ajouter les amandes et cuire 10 minutes. Ajouter la farine, puis le lait et le bouillon. Épaissir en brassant. Assaisonner, saupoudrer de fromage râpé et gratiner au four.

Gratin de céleri

◆◆◆

4	tasses de céleri émincé	*960 ml*
1	tasse de carottes râpées	*240 ml*
1	tasse d'amandes	*240 ml*
1	tasse de lait	*240 ml*
Sel, poivre, cerfeuil		
1/4	tasse d'huile	*60 ml*
1/4	tasse de farine	*60 ml*
1	tasse de bouillon de légumes	*240 ml*
Fromage râpé		

Faire revenir le céleri dans l'huile. Ajouter les amandes et la carotte râpée. Cuire 10 minutes. Ajouter la farine puis le lait et le bouillon de légumes et laisser épaissir en brassant. Ajouter les assaisonnements. Mettre dans un plat allant au four et recouvrir de fromage râpé. Gratiner au four quelques minutes.

Fèves soya au gratin

◆◆◆

1	tasses de fèves soya trempées 12 heures	*240 ml*
4	tasses d'eau	*960 ml*
Jeter l'eau de trempage		
5	tomates hachées	
2	gousses d'ail	
1	oignon haché	
2	poivrons rouges hachés	
2	carottes en petits cubes	
1	tasse de fromage râpé	*240 ml*
Cayenne, sel, persil, basilic, sarriette		

Cuire les fèves soya environ 1 heure après les avoir fait tremper dans le double d'eau salée. Placer en attente.

Faire revenir les oignons et l'ail dans un peu d'huile. Ajouter les carottes et le poivron rouge. Assaisonner. Cuire légèrement puis ajouter les tomates et les fèves soya. Placer dans un plat allant au four et couvrir de fromage. Gratiner.

Se sert très bien avec du pain grillé à l'ail.

Fèves rouges
au four

◆◆◆

2	tasses de fèves (rouges ou blanches ou les deux ensemble)	480 ml
5	tasses d'eau	1 200 ml
1	oignon en morceaux	
1/2	tasse de sirop d'érable	120 ml
1	cuil. à thé de moutarde en poudre	4 ml
1/4	tasse de tamari	60 ml
1	tasse de jus de tomate	240 ml
Cayenne, sel, feuilles de laurier		

Faire tremper les fèves une nuit dans une quantité double d'eau. Jeter l'eau de trempage. Faire cuire les fèves dans 5 tasses d'eau *(1 200 ml)* sur un feu moyen pendant 1 heure. Ajouter les autres ingrédients. Ajouter de l'eau bouillante pour couvrir le tout et placer au four à 350°F *(180°C)* pendant 1 heure. Durant la cuisson, vérifier si on doit ajouter de l'eau (peu à la fois). Rectifier l'assaisonnement.

Se sert très bien avec des croûtons au fromage.

Fèves blanches
à la bulgare

Faire tremper 1 tasse *(240 ml)* de fèves la veille. Jeter l'eau de trempage. Couvrir les fèves d'eau et porter à ébullition. Laisser cuire quelques minutes. Jeter l'eau. Remettre les fèves dans la marmite. Couvrir d'eau salée une deuxième fois et ajouter :

1	clou de girofle
1	feuille de laurier
Thym, basilic, origan, poivre	

Laisser cuire 3 heures au four. Dans une poêle, faire revenir dans un peu d'huile 1 gros oignon haché, 2 carottes râpées grossièrement, 1 grosse tomate, 1 poivron vert ou rouge découpé en lanières. Ajouter cette préparation aux fèves 3/4 heure avant la fin de la cuisson. Rectifier l'assaisonnement. Ajouter du tamari en tout dernier.

117

Fèves de Lima
et carottes

◆ ◆ ◆

1	tasse de fèves de Lima	*240 ml*
2	tasses d'eau	*480 ml*
6	carottes	
1	œuf	

Faire tremper les fèves de Lima la veille. Jeter l'eau de trempage. Leur donner un bouillon dans l'eau. Amener à ébullition, couvrir et laisser reposer 1 heure. Cuire 6 carottes moyennes à la vapeur. Les mettre en purée avec l'œuf et ajouter:

2	cuil. à table d'huile	*30 ml*
3	cuil. à table de persil frais	*45 ml*
1	tasse de fromage râpé	*240 ml*

Sel, basilic, thym

Terminer la cuisson des fèves, les écraser lorsqu'elles sont tendres. Assaisonner au goût. Mélanger carottes et fèves dans un plat allant au four.

Recouvrir de fromage si désiré.

Haricots verts aux pommes

3 1/2	tasses d'eau	840 ml
1	cuil. à thé de sel	4 ml
1	lb de haricots verts frais coupés en deux	450 g
1/3	tasse de beurre	80 ml
1	oignon coupé en fines rondelles	
1	poivron rouge en petits dés	
2	grosses pommes non pelées et coupées finement	
1/2	tasse d'amandes effilées	120 ml
Chapelure fine		

Amener l'eau à ébullition et ajouter le sel et les haricots. Réduire le feu et laisser cuire de 5 à 15 minutes, jusqu'à ce que les haricots soient tendres. Retirer du feu et laisser en attente. Faire fondre le beurre et y faire revenir l'oignon, le poivron et les pommes. Tourner de temps en temps et laisser cuire de 10 à 12 minutes, jusqu'à ce que les pommes soient tendres. Réduire le feu et incorporer les haricots et les amandes. Cuire 5 minutes en brassant souvent. Verser dans un plat de service.

Servir chauds, couverts de chapelure fine.

Casserole de légumes et de fèves soya

◆ ◆ ◆

3/4	tasse de fèves soya trempées 12 heures dans	*180 ml*
3	tasses d'eau	*720 ml*
1	oignon haché	
2	gousses d'ail hachées	
1	carotte en rondelles	
1	branche de céleri en morceaux	
1	poivron vert en lamelles	
1/2	navet en morceau	
2	pommes de terre en cubes	
1/4	tasse de tamari	*60 ml*
Sel, poivre, thym, marjolaine		
Parmesan, chapelure		

Rincer les fèves soya et les cuire à feu moyen dans 3 tasses d'eau *(720 ml)* pendant environ 45 minutes. Faire revenir l'oignon dans un peu d'huile, puis y ajouter un à un tous les légumes. Assaisonner. Ajouter les fèves soya cuites, 1/2 tasse *(120 ml)* d'eau bouillante et le tamari. Placer dans un plat allant au four. Couvrir de chapelure puis de parmesan. Cuire à 350 °F *(180 °C)* pendant environ 40 minutes.

Casserole à l'orge
et à la tomate

◆◆◆

1 1/2	tasse d'orge	*360 ml*
3	tasses d'eau	*720 ml*

Laver et rincer l'orge. Mettre dans une marmite, ajouter l'eau et cuire pendant 35 à 40 minutes en brassant de temps à autre. Assaisonner de sel, de poivre et de thym.

Pendant ce temps, préparer :

1	branche de céleri hachée
1	oignon haché
2	carottes en rondelles
1	poivron vert en lamelles

Faites revenir ces légumes dans un peu d'huile pour les attendrir.

Prendre un plat profond allant au four. Couvrir le fond de tranches de tomate épaisses puis de basilic, de persil et d'ail. Verser dessus l'orge mêlée aux légumes sautés. Couvrir de tranches de tomate puis de chapelure mêlée de parmesan. Cuire au four quelques minutes pour griller le dessus.

Pain de soya

◆◆◆

1	tasse de granules de soya	*240 ml*
1 1/4	tasse d'eau	*300 ml*
1/4	tasse de tamari	*60 ml*

Cuire en brassant bien jusqu'à ce que l'eau soit presque absorbée.

Ajouter :

1/2	tasse de mie de pain	*120 ml*
3	œufs	
4	cuil. à table de persil	*60 ml*
1	oignon	
1/2	cuil. à thé de basilic	*2 ml*
1	gousse d'ail	
2	cuil. à table de pâte de tomates	*30 ml*
1/2	tasse de bouillon de légumes	*120 ml*
1/2	cuil. à thé de thym	*2 ml*
Poivre, sel		

Mélanger bien le tout de façon homogène. Mettre en pressant dans un moule à pain huilé. Cuire au four à 350 °F *(180 °C)* pendant 1 heure.

Pain rôti végétarien

♦♦♦

1	pain de blé entier en morceaux	
Persil, sel, poivre		
3	oignons hachés	
3	œufs battus	
2	tasses de lait	*480 ml*
Ail haché, thym, laurier		
8	oz de champignons émincés	*240 g*

Faire tremper le pain en morceaux dans le lait et y ajouter les herbes. Faire revenir dans un peu d'huile les oignons et l'ail quelques minutes. Ensuite, ajouter les champignons et cuire 2 à 3 minutes. Mélanger le pain, les oignons, les champignons et les œufs battus. Mettre le tout dans un moule à pain beurré. Cuire au four à 350 °F *(180 °C)* pendant 20 à 30 minutes.

Rôti
végétal

◆◆◆

1	tasse de pain déchiqueté	*240 ml*
1	tasse de semoule de blé cru	*240 ml*
2	œufs battus	
1	tasse de pois chiches cuits et écrasés	*240 ml*
3	oignons hachés finement	
2	gousses d'ail hachées	
1	cuil. à thé de marjolaine	*8 ml*
1/4	tasse d'huile	*60 ml*
Sel, poivre		

Déchiqueter le pain dans un grand bol et arroser d'eau bouillante. Laisser en attente. Battre les œufs et y incorporer tous les autres ingrédients. Essorer le pain pour en retirer l'eau (que vous garderez pour le jus de cuisson) et mélanger aux autres ingrédients. Huiler un plat allant au four. Mouler la pâte en forme de pain au centre de ce plat. Arroser de ce bouillon :

➡

124

1	tasse d'eau (eau du pain)	*240 ml*
1	cuil. à table de pâte de tomates	*15 ml*
1	cuil. à table de concentré de légumes	*15 ml*
2	feuilles de laurier	
2	clous de girofle	
1	cuil. à thé de thym	*8 ml*
Sel, poivre		

Cuire à 350 °F *(180 °C)* pendant environ 1 heure. Arroser de ce bouillon pendant la cuisson. Ajouter un peu d'eau si le bouillon s'est évaporé.

125

Pain au tofu

◆ ◆ ◆

12	oz de tofu	*350 g*
1	tasse de jus de tomate	*240 ml*
1	œuf	
3/4	tasse de millet cuit	*180 ml*
1	carotte râpée	
2	gousses d'ail hachées	
1/2	poivron vert haché	
1	oignon haché finement	
1	tasse de flocons d'avoine	*240 ml*
1/4	tasse de tamari	*60 ml*
1/2	tasse d'eau	*120 ml*
1/4	tasse de graines de tournesol moulues	*60 ml*
1/2	tasse de fromage râpé	*120 ml*
Thym, sel, poivre, basilic		

Défaire au mélangeur le tofu avec le jus de tomate et l'œuf. Mélanger avec tous les autres ingrédients et placer dans un moule huilé. Cuire au four à 350°F *(180°C)* pendant environ 45 minutes.

Tofu pané et grillé

◆ ◆ ◆

1	tasse de farine	*240 ml*
2	cuil. à table de germe de blé	*30 ml*
1/2	cuil. à table de cari	*8 ml*
1/2	cuil. à table de moutarde sèche	*8 ml*
Thym, ail, sel		

Mélanger tous ces ingrédients.

1/4	tasse de semoule de maïs	*60 ml*

Passer des tranches de tofu dans du lait. Les en-rober ensuite dans la semoule de maïs.

Mettre de l'huile dans une poêle. Faire frire les tranches jusqu'à ce qu'elles soient dorées, puis ser-vir. Bon entre deux tranches de pain hamburger.

Tofu
à la Strogonoff

◆ ◆ ◆

1	bloc de tofu en petits cubes	*350 g*
3	cuil. à table de tamari	*45 ml*
2	cuil. à table de levure alimentaire	*30 ml*
2	gousses d'ail	

Faire macérer dans un bol les 4 ingrédients et laisser en attente.

2	tasses de champignons émincés	*480 ml*
1	oignon haché	
4	tomates en morceaux	
4	cornichons hachés	
2	cuil. à table de pâte de tomates	*30 ml*
2	cuil. à table de sauce Worcestershire	*30 ml*
1	tasse de crème 15 %	*240 ml*
1/2	tasse de vin blanc	*120 ml*
1	cuil. à table de paprika	*15 ml*
1	cuil. à table de farine	*15 ml*
4	cuil. à table de persil	*60 ml*
1	cuil. à table de moutarde forte	*15 ml*

➡

Chauffer un peu d'huile dans un chaudron et y faire revenir l'oignon haché. Ajouter les champignons et cuire quelques minutes. Mettre ensuite les tomates en morceaux, les cornichons et le tofu macéré. Assaisonner et cuire encore quelques minutes. Ajouter la pâte de tomates et la sauce Worcestershire. Cuire encore quelques minutes. Verser le vin blanc et la crème, bien mélanger et cuire quelques minutes sans laisser bouillir.

Se sert très bien sur des nouilles.

Haricots et seitan à la romaine

◆◆◆

3/4	tasse de haricots secs cuits	*180 ml*
2	tasses de seitan haché	*480 ml*
2 ou 3	grosses tomates	
1 ou 2	carottes coupées	
1	branche de céleri hachée	
1	poivron vert haché	
2	gousses d'ail	
2/3	tasse de persil haché	*160 ml*
1	tasse de parmesan râpé	*240 ml*
Cumin, chili au goût		

Faire revenir dans l'huile tous les condiments et les légumes. Ajouter les haricots. Incorporer le fromage au seitan et mélanger le tout. Garnir de persil et de fromage râpé.

Servir avec une salade verte et du pain grillé à l'ail.

Tourtière au riz

◆◆◆

1	tasse de riz cuit	*240 ml*
1	tasse de lentilles cuites	*240 ml*
1/2	tasse de graines de tournesol hachées	*120 ml*
1	oignon haché finement	
Sel, poivre, cayenne		
1/2	tasse de champignons hachés	*120 ml*
1/4	tasse de beurre fondu	*60 ml*
1/4	tasse de tamari	*60 ml*
2	gousses d'ail hachées	
Basilic, thym, persil		
2	abaisses de pâte à tarte	

Mélanger tous les ingrédients d'une façon homogène. Remplir la tarte et recouvrir de la deuxième pâte. Cuire au four à 375 °F *(190 °C)* pendant 45 minutes.

Boulghour et pois chiches

◆◆◆

2	tasses de boulghour	*480 ml*
1	tasse de pois chiches	*240 ml*
2	tasses de bouillon de légumes	*480 ml*
2	tasses de champignons tranchés	*480 ml*
2	cuil. à table de jus de citron	*30 ml*
1/2	cuil. à thé de cardamome	*2 ml*
Poivre, sel		
2	cuil. à table d'huile	*30 ml*
2	tasses d'oignon haché	*480 ml*
2	gousses d'ail	
1/2	tasse de raisins secs	*120 ml*
1/2	cuil. à thé de gingembre	*2 ml*
1/2	cuil. à thé de cannelle	*2 ml*

Cuire les pois chiches qui ont trempé depuis la veille. Jeter l'eau de trempage. Faire revenir dans l'huile l'oignon et l'ail quelques minutes. Ajouter les champignons, les raisins secs et les épices, et cuire en brassant bien quelques minutes. Ajouter les pois chiches au boulghour qui cuit dans le bouillon de légumes. Quand le bouillon est bien absorbé, mettre les pois chiches et le boulghour dans un plat de service, arroser de citron et recouvrir de légumes.

Servir chaud.

Ragoût de boulettes aux noix

◆◆◆

1	tasse de graines de tournesol moulues	*240 ml*
1/4	tasse d'amandes moulues	*60 ml*
1	tasse de noix de Grenoble moulues	*240 ml*
2	tasses de mie de pain hachée	*480 ml*
5	œufs	
3	cuil. à table de tamari	*45 ml*
3	gousses d'ail hachées	
1	tasse de fromage râpé	*240 ml*

Cayenne, basilic, sel

Mélanger le tout et former des boulettes sans trop presser. Les jeter ensuite dans la sauce suivante :

1/2	tasse d'huile	*120 ml*
2	gousses d'ail	
3	oignons hachés	
3/4	tasse de farine	*180 ml*
5	tasses de bouillon	*1 200 ml*
2 1/2	tasses de jus de tomate	*600 ml*

Sel, poivre, basilic

Faire revenir dans l'huile l'oignon et l'ail. Ajouter la farine et cuire quelques minutes. Y verser le bouillon et le jus de tomate tout en brassant. Assaisonner et cuire 30 minutes.

Plat de lentilles,
de boulghour et de céleri

❖ ❖ ❖

1/2	tasse de lentilles vertes	*120 ml*
3/4	tasse de boulghour	*180 ml*
1 1/2	cuil. à table de levure alimentaire	*20 ml*
Ail, sel, poivre		
1/4	tasse de crème 15 %	*60 ml*
2	cuil. à table de tamari	*30 ml*
1	tasse de crème de céleri	*240 ml*
2	tasses de céleri émincé	*480 ml*
2	poivrons en lamelles	
2	oignons émincés	
1	tasse de champignons émincés	*240 ml*
3	cuil. à table de beurre	*45 ml*
1/2	tasse de noix hachées	*120 ml*
1/2	tasse de chapelure	*120 ml*

➥

Cuire les lentilles et le boulghour séparément jusqu'à ce qu'ils soient tendres. Lorsqu'ils sont cuits, incorporer à ce mélange la levure alimentaire, l'ail, le sel et le poivre. Placer dans un grand plat allant au four. Mettre dessus le céleri émincé, les poivrons en lamelles, les oignons et les champignons émincés. Mélanger dans un bol la crème, le tamari, la crème de céleri et un peu de sel et de poivre. Verser sur les légumes. Faire fondre le beurre. Le mélanger aux noix et à la chapelure puis étendre sur le plat. Mettre au four à 350°F *(180°C)* pendant 1 heure.

Ragoût de haricots secs

◆◆◆

2	oignons
4	gousses d'ail
3	pommes de terre en gros dés
4	carottes en bâtonnets
1	navet moyen en gros dés
3	tomates en dés
1	tasse de haricots secs rouges *240 ml* trempés une nuit
1	tasse de haricots blancs secs *240 ml* trempés une nuit
1 1/4	tasse d'eau *300 ml*
3	cuil. à table de sirop d'érable *45 ml*

Sel, poivre, thym

Cuire 20 minutes les haricots secs qui ont trempé toute une nuit dans le double d'eau et égoutter. Faire revenir les oignons et l'ail dans l'huile pendant 5 à 7 minutes. Ajouter les pommes de terre, les carottes, le navet et les haricots pré-cuits. Cuire quelques minutes. Ajouter la tomate puis assaisonner. Couvrir d'eau et ajouter le sirop d'érable. Cuire au four à 350°F *(180°C)* pendant 45 à 50 minutes

Potée de lentilles

◆ ◆ ◆

1	tasse d'oignon haché	*240 ml*
1/2	tasse de céleri haché	*120 ml*
2	tasses de tomates en dés	*480 ml*
1 1/2	cuil. à thé de sel	*7 ml*
1	tasse de lentilles cuites	*240 ml*
1/2	tasse de carottes hachées	*240 ml*
2	cuil. à table de beurre	*30 ml*
1 1/4	tasse de riz cuit	*300 ml*
1 1/2	cuil. à thé de sucre	*7 ml*
1	cuil. à thé de poivre	*4 ml*

Faire sauter dans le beurre les oignons, les ca-rottes et le céleri environ 10 minutes. Ajouter la to-mate, le riz, les épices et le sucre. Cuire légèrement. Y verser les lentilles cuites. Couvrir et laisser mijoter 30 minutes à feu doux.

Servir chaude.

Chaudrée de riz
et de maïs

◆◆◆

1/2	tasse de riz brun	*120 ml*
2	gousses d'ail	
2	tomates coupées en morceaux	
1 1/2	tasse de maïs en grains	*360 ml*
1	tasse de crème 15 %	*240 ml*
1	tasse d'oignon haché	*240 ml*
1	poivron vert en dés	
1 1/2	tasse de bouillon de légumes	*360 ml*
3	tasses de lait	*750 ml*
Huile, sel, poivre		

Faire tremper le riz. Bien l'égoutter et laisser en attente. Faire sauter l'oignon, l'ail et le poivron dans un peu d'huile pendant 5 minutes. Ajouter la tomate et le riz. Cuire quelques minutes en remuant bien puis ajouter le bouillon de légumes. Amener le tout à ébullition. Réduire le feu et laisser mijoter à couvert pendant 15 à 20 minutes. Ajouter le maïs et le lait. Cuire à gros bouillons quelques minutes, puis réduire le feu et laisser mijoter. Assaisonner. Ajouter la crème et cuire sans porter à ébullition jusqu'à ce que le riz soit bien tendre.

Servir chaude.

Œufs au cari en casserole

❖❖❖

6	œufs cuits durs	
3	tasses de riz basmati cuit	*720 ml*
2	cuil. à table de beurre	*30 ml*
3	cuil. à table de farine	*45 ml*
1	cuil. à table de cari	*15 ml*
1/4	tasse de tamari	*60 ml*
2	tasses de lait	*480 ml*
1	tasse de fromage râpé	*240 ml*

Faire fondre le beurre et y ajouter la farine en remuant. Verser le lait peu à peu, puis la tamari, le cari et la moitié du fromage. Brasser jusqu'à ce que la sauce épaississe. Assaisonner. Étaler dans un plat huilé allant au four les œufs coupés en deux. Couvrir de la sauce et finir avec le riz cuit. Couvrir du fromage qui reste et gratiner.

Carrés d'épinards et de brocoli

◆ ◆ ◆

1	sac d'épinards lavés, cuits et hachés	
1	tête de brocoli lavée, cuite et coupée en petits morceaux	
1	carotte râpée	
2	oignons hachés finement	
1	gousse d'ail hachée	
2 1/2	tasses de fromage cottage	*600 ml*
2	œufs battus	
1/2	tasse de germe de blé	*120 ml*
1/2	tasse de fromage râpé	*120 ml*
Sel, thym, poivre		

Mélanger le tout et placer dans un plat huilé allant au four. Couvrir de fromage râpé. Cuire à 350°F *(180°C)* pendant 30 minutes.

Pot-au-feu de légumes et de seitan

◆◆◆

1	petit navet	
3	pommes de terre	
2	oignons	
1/4	tasse de beurre	*60 ml*
3	carottes	
1	petit chou	
1/4 à 1/2	tasse de tamari	*60 ml à 120 ml*
Seitan		
Huile		

Couper les légumes en morceaux moyens. Faire revenir l'oignon dans l'huile. Ajouter les carottes, le navet, les pommes de terre et finir par le chou. Mettre le beurre en petites noix sur le dessus et verser le tamari sur tous les légumes. Couvrir et cuire soit au four pendant 1 heure ou encore sur un feu moyen pendant 30 minutes. Mélanger le tout lorsque cuit et servir. Faire cuire le seitan dans l'eau avec le tamari et l'ail. Ajouter aux légumes juste un peu avant la fin de la cuisson.

Moussaka à l'aubergine

♦ ♦ ♦

1	petite aubergine	
3	tomates moyennes	
2	oignons	
2 1/2	tasses de riz brun cuit	*600 ml*
1/4	tasse de tamari	*60 ml*
Sel, poivre, thym		
Fromage râpé		

Couper tous les légumes en tranches fines. Huiler le fond d'un plat creux allant au four et y superposer l'oignon, l'aubergine et la tomate. Assaisonner de sel, de thym et de poivre. Remettre une rangée d'oignon, d'aubergine et de tomate. Assaisonner. Couvrir de riz cuit auquel on a mélangé le tamari. Couvrir de tranches de tomate et saupoudrer de fromage râpé. Cuire au four à 350°F *(180°C)* pendant 45 à 55 minutes et servir.

Roulés au chou
et au kasha

8 à 10	feuilles de chou	
1	oignon haché finement	
1	gousse d'ail hachée finement	
2	carottes râpées	
1	tasse de kasha cuit	*240 ml*
1/2	tasse de purée de pommes de terre	*120 ml*
2	cuil. à table de tamari	*30 ml*
1	œuf	
1/2	tasse de fromage râpé	*120 ml*
Sel, poivre, sarriette		

Attendrir les feuilles de chou en les faisant tremper 5 minutes dans de l'eau bouillante. Mélanger tous les ingrédients ensemble et en farcir les feuilles de chou. Placer dans un plat allant au four et couvrir de sauce tomate. Cuire à 350°F *(180°C)* pendant environ 30 minutes.

Roulés au chou
et au millet

8 à 10	feuilles de chou vert	
2	tasses de millet cuit	480 ml
2	oignons hachés finement	
2	branches de céleri hachées	
2	carottes râpées	
1	tasse de champignons hachés	240 ml
1	poivron vert haché	
2	gousses d'ail hachées	

Sel, poivre, fines herbes, paprika

Huile

Jus de tomates ou sauce tomate

Parmesan râpé et chapelure

Faire tremper les feuilles de chou dans de l'eau bouillante pendant 5 minutes pour les attendrir. Retirer et égoutter. Faire revenir les oignons dans un peu d'huile. Y ajouter les autres légumes et cuire légèrement. Mélanger tous les ingrédients et en farcir les feuilles de chou. Rouler et étaler dans un plat graissé allant au four. Couvrir de sauce tomate. Cuire à 350 °F *(180 °C)* pendant 30 minutes. Retirer du four. Couvrir du parmesan et de la chapelure mélangés. Cuire encore quelques minutes.

Se sert très bien avec une purée de légumes.

Chou farci

◆◆◆

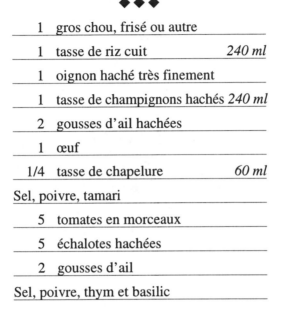

1	gros chou, frisé ou autre	
1	tasse de riz cuit	*240 ml*
1	oignon haché très finement	
1	tasse de champignons hachés	*240 ml*
2	gousses d'ail hachées	
1	œuf	
1/4	tasse de chapelure	*60 ml*
Sel, poivre, tamari		
5	tomates en morceaux	
5	échalotes hachées	
2	gousses d'ail	
Sel, poivre, thym et basilic		

Faire revenir dans le beurre et l'huile l'oignon, les champignons et l'ail. Ajouter le riz, l'œuf, la chapelure et les assaisonnements. Après en avoir enlevé le cœur, faire tremper le chou dans de l'eau bouillante salée environ une heure. Ouvrir les feuilles sans les détacher pour bien égoutter. En commençant par le centre, incorporer la farce entre chaque feuille jusqu'aux deux dernières. Bien fermer et bien ficeler. Déposer le chou dans un plat, avec un peu d'eau. Faire revenir l'ail et les échalotes dans l'huile, puis y ajouter la tomate et les épices. Cuire au four à 350 °F *(180 °C)* pendant environ 1 heure. Arroser régulièrement pendant la cuisson.

Poivrons multicolores farcis

◆◆◆

6	poivrons (2 verts, 2 rouges, 2 jaunes ajoutent de la couleur au plat)	
1	gousse d'ail hachée	
1	oignon haché finement	
1	tasse de millet cuit	*240 ml*
2	tasses de mie de pain émiettée	*480 ml*
1	œuf cuit dur en morceaux	
Sel, poivre, origan, thym		

Vider les poivrons. Faire revenir l'oignon et l'ail dans un peu d'huile. Mélanger tous les ingrédients et en farcir les poivrons. Cuire au four à 350°F *(180°C)* pendant 20 à 30 minutes en les arrosant régulièrement de sauce tomate pour les garder humides.

Tomates farcies sur riz

◆ ◆ ◆

6	tomates coupées en deux	
2	œufs cuits durs coupés en rondelles	
6	cuil. à table d'huile d'olive	*90 ml*
6	cuil. à thé de chapelure fine	*24ml*
3	gousses d'ail	
6	petites tranches de fromage gruyère	

Sel, poivre, persil haché

Placer les moitiés de tomate sur une plaque. Badigeonner d'huile, d'ail et de persil. Déposer sur chacune une rondelle d'œuf, puis badigeonner d'un peu d'huile et saupoudrer de chapelure. Assaisonner et couvrir du fromage gruyère. Cuire au four.

Servir sur un lit de riz légèrement aromatisé de cari.

Tomates-surprises

◆ ◆ ◆

6	grosses tomates	
6	œufs	
Huile		
3	cuil. à thé de basilic	*12 ml*
6	gousses d'ail	
Sel, poivre		

Couper une tranche sur le dessus de chaque tomate sans la détacher. Évider les tomates. Mettre une
gousse d'ail hachée et 1/2 cuil. à thé *(2 ml)* de basilic
au fond de chacune. Casser un œuf dans la tomate et
assaisonner de sel et de poivre. Remettre le dessus
des tomates. Cuire au four sur une plaque huilée à
350 °F *(180 °C)* pendant 20 minutes.

Servir sur un lit de riz.

Boulettes au tofu

◆◆◆

1	bloc de tofu écrasé	*350 g*
2	œufs battus	
1/2	tasse de fromage râpé	*120 ml*
3	cuil. à table de levure alimentaire	*45 ml*
3	cuil. à table de tamari	*45 ml*
3	cuil. à table de farine	*45 ml*
1	carotte râpée	
1	branche de céleri hachée finement	
1	oignon haché finement	
1	gousse d'ail hachée finement	

Sel, poivre, basilic, origan

Mélanger le tout. Former des boulettes. Les étaler sur une plaque. Cuire au four à 350 °F *(180 °C)* pendant 15 à 20 minutes. Servir avec la sauce de votre choix (aux champignons, tomate, béchamel, aux herbes etc.).

Boulettes végétariennes

◆◆◆

1/2	tasse de chapelure	*120 ml*
1	œuf	
1	oignon haché finement	
2	cuil. à table d'huile	*30 ml*
1/4	tasse de levure alimentaire	*60 ml*
1/4	tasse de lait	*60 ml*
1/4	tasse de farine légèrement grillée	*60 ml*
	Sel, poivre, persil haché, ail au goût	

Mélanger le tout, façonner en boulettes et cuire à la poêle sur feu moyen dans un peu d'huile.

Servir avec votre sauce préférée.

Très bonne avec la sauce à spaghetti page 168.

Galettes de riz brun

◆◆◆

1	oignon	
2	tasses de riz brun cuit	*480 ml*
1/2	cuil. à thé de sel végétal	*2 ml*
1/2	cuil. à thé de graines de céleri	*2 ml*
4	cuil. à table de farine de blé entier	*60 ml*
1	tasse de lait de soya	*240 ml*
1	œuf	

Rassembler tous les ingrédients dans un bol et faire une pâte bien homogène. Former des petites galettes et les mettre dans un plat huilé allant au four. Verser un peu de consommé aux légumes pour empêcher de coller. Cuire à 325 °F *(160 °C)* pendant 15 minutes .

Servir avec une sauce de votre choix.

Croquettes à l'orge

◆◆◆

4	tasses de bouillon de légumes	*960 ml*
3/4	cuil. à thé de sel	*3 ml*
1 1/4	tasse d'orge	*300 ml*

Amener le tout à ébullition, couvrir et laisser mijoter 1/2 heure. Faire revenir :

1	oignon haché dans	
4	cuil. à table de beurre	*60 ml*

Ajouter à l'orge avec :

2	œufs battus	
2	cuil. à table de persil haché	30 ml

Mains mouillées, former des croquettes assez épaisses. Enrober de chapelure et faire frire dans 2 cuil. à table *(30 ml)* d'huile.

Croquettes de pommes de terre

♦♦♦

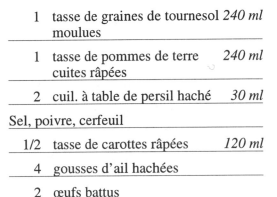

1	tasse de graines de tournesol moulues	*240 ml*
1	tasse de pommes de terre cuites râpées	*240 ml*
2	cuil. à table de persil haché	*30 ml*
Sel, poivre, cerfeuil		
1/2	tasse de carottes râpées	*120 ml*
4	gousses d'ail hachées	
2	œufs battus	

Mélanger tous les ingrédients. Former des croquettes et les griller au four 10 minutes de chaque côté à 350°F *(180°C)*.

Servir avec sauce tomate.

Croquettes
de blé d'Inde

◆ ◆ ◆

1	œuf	
1	tasse de farine	*240 ml*
1	cuil. à thé de poudre à pâte	*4 ml*
1	tasse de blé d'Inde en crème	*240 ml*
1/2	tasse de lait	*120 ml*
Sel, poivre		

Bien mélanger le tout. Si trop humide, ajouter 2 à 3 cuil. à table *(30 à 45 ml)* de farine. Griller à la poêle dans un peu d'huile.

Croquettes de tofu sur pain pita

◆ ◆ ◆

3	cuil. à table d'huile	*45 ml*
1	carotte râpée	
1	oignon haché finement et revenu dans l'huile	
2	blocs de tofu émiettés	*700 g*
3	œufs battus	
1/2	tasse de chapelure	*120 ml*
Sel, poivre, cari, farine		

Mélanger tous les ingrédients. Former des croquettes (6 à 8) et les passer à la farine. Faire revenir dans l'huile des 2 côtés jusqu'à ce que dorées et cuites. Insérer dans du pain pita. Garnir de feuilles de laitue, de tomate et de tahini. Servir.

Bonne collation !

155

Croquettes au millet

◆ ◆ ◆

3	tasses de millet cuit	*720 ml*
1	tasse de carottes râpées	*240 ml*
1	oignon haché finement	
2	gousses d'ail hachées	
1	branche de céleri hachée finement	
3	cuil. à table de levure alimentaire	*45 ml*
2	œufs battus	
1/2	tasse de farine	*120 ml*
3	cuil. à table de tamari	*45 ml*
Persil haché, sel, poivre, cerfeuil		

Mélanger le tout. Former des galettes. Les passer dans la farine pour bien les enrober. Faire frire à la poêle dans un peu d'huile des 2 côtés jusqu'à ce que bien dorées.

Sauce au tournesol

◆ ◆ ◆

3	tasses de graines de tournesol en poudre	*720 ml*
1/2	tasse d'huile	*120 ml*
3	tasses de lait de soya	*720 ml*
1/2	tasse de crème 15 %	*120 ml*
Muscade, sel, poivre		

Faire chauffer l'huile. Verser les graines de tournesol moulues, chauffer un peu puis verser le lait mêlé à la crème. Chauffer jusqu'à épaississement mais sans laisser bouillir. Assaisonner.

Se sert très bien avec toutes sortes de croquettes et de boulettes.

Patates rieuses
de Georges

◆ ◆ ◆

Patates bouillies coupées en rondelles

Morceaux de rhubarbe cuite

Crème de céleri chaude

Basilic et persil

Sel, poivre

Fromage râpé

Mettre le tout dans un plat allant au four. Couvrir de fromage râpé et cuire 15 minutes jusqu'à ce que le fromage soit fondu et doré. La rhubarbe et la patate contiennent certaines vitamines qui agissent sur certaines glandes favorisant le rire. (Paraît-il!)

Pommes de terre
à la grecque

◆ ◆ ◆

Pommes de terre en cubes

Poivron vert et rouge en petits dés

Jus d'un demi-citron

  3 cuil. à table d'huile   *45 ml*

Origan, sel, poivre

Parmesan râpé et chapelure

Répandre le jus de citron mélangé à l'huile sur les cubes de pommes de terre et sur les poivrons en dés. Poivrer, saler et assaisonner d'origan. Cuire de 30 à 45 minutes au four en remuant les cubes jusqu'à ce qu'ils soient bien dorés. Saupoudrer de parmesan râpé et de chapelure et rôtir quelques minutes.

Petits nids-surprises

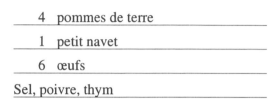

4	pommes de terre
1	petit navet
6	œufs
Sel, poivre, thym	

Cuire les pommes de terre et le navet ensemble, puis les mettre en purée épaisse. Assaisonner. Faire 6 boules avec cette purée et les déposer sur une tôle à biscuits beurrée. Presser le centre de chacune des boules en lui donnant une forme de coupe. Casser un œuf dans chaque coupe. Assaisonner de sel et de poivre, saupoudrer de paprika. Cuire au four à 325 °F *(160 °C)* pendant 15 à 20 minutes.

Casserole aux épinards et aux herbes

◆◆◆

2	paquets de 10 oz d'épinards frais coupés	284 g
2	tasses de riz cuit	480 ml
4	cuil. à table de beurre	60 ml
4	cuil. à table d'oignon émincé	60 ml
	Champignons coupés en morceaux	
1	tasse de fromage cheddar râpé	240 ml
4	œufs	
1/3	tasse de lait	80 ml
1	cuil. à thé de sel	4 ml
2	cuil. à thé de fines herbes	8 ml
2	cuil. à thé de thym	8 ml
2	cuil. à thé de tamari	8 ml

Cuire les épinards et le riz séparément. Égoutter les épinards. Faire sauter dans le beurre les oignons et les champignons. Mélanger tous les ingrédients et les verser dans un plat allant au four. Cuire au four à 350 °F (180 °C) pendant 25 à 30 minutes.

Délicieuse servie froide, mais meilleure lorsqu'elle est chaude !

161

Purée de navet

♦♦♦

1	navet	
2	carottes	
4	cuil. à table de beurre	*60 ml*
2	cuil. à table de farine de blé	*30 ml*
Muscade, lait		

Éplucher le navet et les carottes. Couper en morceaux et les plonger dans de l'eau bouillante. Laisser cuire 10 minutes, puis égoutter et garder le jus de cuisson. Faire fondre 2 cuil. à table *(30 ml)* de beurre dans un chaudron. Ajouter le mélange de navet et de carottes. Ajouter un peu du bouillon de cuisson, couvrir et laisser cuire doucement jusqu'à ce que le navet soit tendre. Évaporation du liquide à surveiller. Réduire le tout en purée. D'autre part, faire chauffer 1 cuil. à table *(15 ml)* de beurre. Ajouter 1 cuil. à table *(15 ml)* de farine, la purée et la muscade, puis éclaircir avec du lait.

Nouilles en crème à l'épinard

◆◆◆

2	tasses de nouilles au blé	*480 ml*
3/4	tasse de fromage cottage	*180 ml*
4	cuil. à table de vin blanc	*60 ml*
Sel, poivre		
Fromage râpé		
2	tasses d'épinards déchiquetés	*480 ml*
4	cuil. à table de crème sure	*60 ml*
6	échalotes hachées finement	
1/2	cuil. à thé de muscade	*2 ml*

Cuire les nouilles dans l'eau salée 5 minutes. Y ajouter les épinards et cuire 3 minutes, puis égoutter. Mélanger tous les autres ingrédients. Verser le tout dans un plat beurré allant au four et couvrir de fromage râpé. Cuire à 375°F *(190°C)* pendant 20 minutes.

Tortellinis à l'italienne

◆ ◆ ◆

1	oignon haché finement	
2	gousses d'ail hachées	
2	cuil. à table d'huile	30 ml
1/2	poivron rouge en dés	
4	tomates italiennes en tranches	
1/2	tasse de crème 35 %	120 ml
1/4	tasse de vin blanc	60 ml
1	goutte de tabasco	
1	cuil. à thé de basilic	4 ml
1	cuil. à thé d'origan	4 ml
1/2	tasse de gorgonzola râpé	120 ml
Pâtes tortellini cuites		
Sel, poivre		

Faire revenir dans une grande poêle les oignons et l'ail dans l'huile. Incorporer les poivrons en dés et les tomates tranchées, et faire cuire quelques minutes. Assaisonner, puis verser le vin et la crème. Chauffer sans bouillir et y verser les pâtes cuites. Cuire quelques minutes.

Servir très chaudes. Saupoudrer de fromage gorgonzola râpé.

Fettucinis sauce rosée

◆ ◆ ◆

3	échalotes hachées	
2	gousse d'ail hachées	
3	cuil. à table d'huile	*45 ml*
4	cuil. à table de pâte de tomates	60 ml
3	cuil. à table de vin blanc (facultatif)	*45 ml*
1	tasse de bouillon de légumes	*240 ml*
5	cuil. à table de crème 35 %	*75 ml*
1	cuil. à thé de moutarde sèche	*4 ml*
1	cuil. à thé de basilic	*4 ml*
1	cuil. à thé d'origan	*4 ml*
1	cuil. à thé de persil frais	*4 ml*

Sel, poivre

Pâtes fettucini cuites

Parmesan râpé

Faire revenir les échalotes et l'ail dans l'huile. Y verser les assaisonnements puis le bouillon de légumes et la pâte de tomates. Cuire quelques minutes et y verser, si désiré, le vin et puis la crème. Cuire sans laisser bouillir et verser sur les pâtes chaudes. Saupoudrer de persil frais haché et de parmesan.

Fusillis
à la méditerranéenne

◆ ◆ ◆

2	tasses de tomates hachées	*480 ml*
1	petit oignon haché	
1	gousse d'ail hachée	
3	cuil. à table d'olives noires hachées	*45 ml*
4	tasses de pâtes fusilli cuites	*960 ml*
1/4	tasse de crème 35 %	*60 ml*

Huile, beurre

Persil haché, sel, poivre, basilic

Parmesan râpé

Faire revenir l'oignon et l'ail dans l'huile et le beurre sans laisser rôtir. Ajouter les tomates hachées et les olives noires. Assaisonner. Chauffer quelques minutes. Y verser la crème et le parmesan et chauffer encore un peu.

Servir cette sauce sur les pâtes et garnir de basilic frais.

Spaghettis
aux lentilles rouges

❖❖❖

1	cuil. à thé d'huile	*4 ml*
1	gousse d'ail	
1 1/2	tasse de lentilles rouges non cuites	*360 ml*
2	cuil. à thé de vin rouge	*8 ml*
1/2	cuil. à thé de basilic	*2 ml*
1	gros oignon	
2	tasses de tomates en morceaux	*480 ml*
1 1/2	tasse d'eau	*360 ml*
1/2	cuil. à thé d'origan	*2 ml*
Sel, poivre		

Faire chauffer l'huile et dorer les oignons et l'ail. Ajouter la tomate, les herbes et les lentilles, puis l'eau et le vin. Amener à ébullition et laisser mijoter de 25 à 30 minutes.

Servir cette sauce sur des spaghettis au blé entier.

Sauce à spaghetti

♦♦♦

1	carotte en dés
1	branche de céleri en dés
4 à 6	gousses d'ail hachées
3	oignons émincés
4	tomates en morceaux
2	poivrons verts en morceaux
6	champignons émincés
2	tasses de bouillon de légumes *480 ml*
1	tasse de jus de tomate *240 ml*
1/2	tasse de pâte de tomates *120 ml*
2	feuilles de laurier

Basilic, origan, thym, paprika

Sel, poivre, cayenne

Jus d'un demi-citron

Faire revenir dans l'huile, dans un grand chaudron, les oignons et la moitié de l'ail. Ajouter les légumes et cuire en brassant de 5 à 10 minutes. Ajouter le jus de tomate, les assaisonnements et la pâte de tomates. Cuire environ 1 heure à feu moyen. Ajouter le jus d'un demi-citron et le reste de l'ail et cuire encore 5 minutes. Avant de servir, on peut y ajouter 4 cuil. à thé *(16 ml)* d'huile d'olive. Verser sur les pâtes de votre choix et saupoudrer de fromage râpé. Donne environ 5 portions. On peut y ajouter des cubes de tofu préalablement frits. ➡

Pour la cuisson des pâtes, faire bouillir une grande quantité d'eau additionnée d'un peu d'huile et de sel et y plonger les pâtes. Laisser cuire de 15 à 20 minutes les pâtes aux œufs ou au soya, et la moitié moins de temps les pâtes de blé entier.

Ketchup aux tomates et aux fruits de maman Léonie

10	tomates bien mûres	
8	pommes rouges	
4	pêches	
4	poires	
2	branches de celeri	
1	concombre	
1/2	chou-fleur	
4	gros oignons	
1/2	tasse de cassonade	*120 ml*
1/2	tasse de sucre	*120 ml*

Sel, poivre

Épices à marinades

Vinaigre pour couvrir

Couper finement les légumes et les fruits. Les cuire sur feu doux; y ajouter la cassonade, le sucre et les assaisonnements. Ajouter le vinaigre au goût et cuire de 3 à 4 heures.

Donne environ 6 pots moyens.

Notes

Notes

♦ ♦ ♦

5

♦♦♦

LES DESSERTS

♦♦♦

Après un bon repas, vous pensez

que la vie est belle, tandis que si vous n'avez

rien à vous mettre sous la dent, vous trouvez

qu'elle n'a plus aucun sens. Oui, parce que

la nutrition est la base de la vie.

La vie n'est faite que d'échanges,

que ces échanges s'appellent nutrition,

respiration ou amour, et si on ne fait pas

d'échanges, c'est la mort.

Flan
à l'orange

◆◆◆

1 1/2	tasse de lait	*360 ml*
1/2	tasse de crème 35 %	*120 ml*
1/2	tasse de sucre turbinado	*120 ml*
2	œufs battus	
1	tasse de jus d'orange	*240 ml*
3	cuil. à table de zeste d'orange	*45 ml*
1 1/2	cuil. à thé d'agar-agar gonflé dans un peu d'eau froide	*7 ml*

Chauffer le tout sans laisser bouillir jusqu'à dissolution du sucre et de l'agar-agar. On peut y ajouter 2 à 3 cuil. à table de rhum *(30 ml à 45 ml)*. Placer dans un moule et réfrigérer. Lorsque pris, démouler délicatement.

Délicieux en été car très rafraîchissant.

Flan
aux amandes

2	tasses de crème 15 %	480 ml
2	tasses de lait	480 ml
3	cuil. à thé d'agar-agar gonflé dans un peu d'eau froide	45 ml
4	œufs battus	
1	tasse d'amandes broyées	240 ml
3/4	tasse de sucre	180 ml

Cuire sur feu doux, sans laisser bouillir, jusqu'à épaississement. On peut y ajouter 3 cuil. à table de rhum *(45 ml)*. Mouler et réfrigérer. Lorsque pris, démouler délicatement.

Pâte sablée
sucrée

1	tasse de farine	*240 ml*
2	cuil. à table de sucre	*30 ml*
1/2	tasse de beurre	*120 ml*
1	jaune d'œuf	
1 à 2	cuil. à table d'eau	*15 à 30 ml*

Mélanger farine et sucre, ensuite le beurre, le jaune d'œuf et l'eau. Mettre en boule et réfrigérer au moins 1/2 heure avant d'utiliser.

Pâte à tarte
et à flan

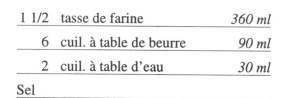

1 1/2	tasse de farine	*360 ml*
6	cuil. à table de beurre	*90 ml*
2	cuil. à table d'eau	*30 ml*
Sel		

Mêler la farine et le sel, incorporer le beurre et bien l'intégrer pour que le tout ressemble à de la chapelure. Y verser 1 cuil. à table *(15 ml)* d'eau et mélanger. Si la pâte est trop sèche, ajouter l'autre cuillerée. Mettre en boule et réfrigérer 30 minutes.

Tarte aux fraises

◆◆◆

1/4	tasse de fromage cottage en crème	*60 g*
1	paquet de fraises congelées	
2	œufs séparés, jaunes battus, blancs en neige	
3/4	tasse de sucre brun	*180 ml*
1	cuil. à table de gélatine	*15 ml*
1	tasse de lait	*240 ml*
1/2	tasse de crème 35 %	*120 ml*
1	fond de tarte cuit	

Mélanger les fraises et le fromage à la température de la pièce. Mélanger dans une casserole la gélatine et le sucre. Ajouter les jaunes d'œufs battus et le lait. Faire chauffer sur feu doux jusqu'à dissolution du sucre, sans laisser bouillir. Faire refroidir. Ajouter au mélange de fromage et fraises et mélanger. Ajouter délicatement les blancs d'œufs battus puis la crème fouettée. Mettre le tout dans le fond de tarte cuit et réfrigérer de 2 à 3 heures.

Tarte aux bananes

◆ ◆ ◆

1	tasse de yogourt nature	*240 ml*
1	tasse de fromage cottage	*240 ml*
3	bananes en rondelles	
2	œufs battus	
Jus d'un citron		
6	cuil. à table de miel	*90 ml*
1/4	tasse de farine	*60 ml*
1	cuil. à thé de vanille	*4 ml*
1	fond de tarte non cuit	
Noix de coco râpée		

Mélanger tous les ingrédients délicatement et les mettre dans le fond de tarte. Saupoudrer de noix de coco râpée. Cuire au four à 350°F *(180°C)* pendant 30 minutes.

Tarte aux pacanes

◆ ◆ ◆

1/4	tasse de beurre	*60 ml*
1	pincée de sel	
3	œufs battus	
1	cuil. à thé de vanille	*4 ml*
1	tasse de sucre brun	*240 ml*
1/2	tasse de sirop d'érable	*120 ml*
1	tasse de pacanes	*240 ml*
1	fond de tarte non cuit	

Battre le beurre en crème et y ajouter le sucre graduellement. Ajouter le sel, le sirop d'érable, les œufs battus, les noix et la vanille, puis bien mélanger. Verser dans le fond de tarte. Cuire à 350°F *(180°C)* pendant 40 à 45 minutes. Laisser refroidir avant de servir.

Tarte à la citrouille

◆◆◆

1/4	tasse de sucre brun	*60 ml*
1/4	tasse de sirop d'érable	*60 ml*
3/4	tasse de lait frémi	*180 ml*
2	œufs	
1	tasse de citrouille cuite en purée	*240 ml*
2	cuil. à thé de farine	*8 ml*
1/2	cuil. à thé de sel	*2 ml*
1/2	cuil. à thé de gingembre	*2 ml*
1/2	cuil. à thé de macis	*2 ml*
1/2	cuil. à thé de muscade	*2 ml*
1/2	cuil. à thé de cannelle	*2 ml*
1	fond de tarte non cuit	

Mélanger tous les ingrédients.

Verser dans l'abaisse. Cuire à 350°F *(180°C)* pendant 30 minutes.

Tarte aux pêches

◆ ◆ ◆

2	cuil. à table d'huile	*30 ml*
1/3	tasse de farine	*80 ml*
1 1/2	tasse de lait	*360 ml*
1	cuil. à thé de vanille	*4 ml*
1/2	tasse de sirop d'érable	*120 ml*
2	jaunes d'œufs	
4	pêches	

MERINGUE

2	blancs d'œufs en neige	
2	cuil. à table de sirop d'érable	*30 ml*
1	fond de tarte cuit	

Faire une béchamel avec l'huile, la farine et le lait. Ajouter graduellement les jaunes d'œufs, la vanille et le sirop d'érable que vous aurez mélangés préalablement. Cuire 2 minutes et retirer du feu. Mettre cette cossetarde dans un fond de tarte déjà cuit (pâte sablée sucrée, voir recette à la page 177). Trancher les pêches, les placer sur la cossetarde et décorer avec la meringue (sucrée avec les 2 cuil. à table *(30 ml)* de sirop d'érable). Cuire au four à 350°F *(180°C)* pendant 4 à 5 minutes pour dorer la meringue. Refroidir avant de servir.

Tarte au tofu
et à l'avocat

◆ ◆ ◆

1	tasse d'eau	*240 ml*
2	cuil. à table d'agar-agar	*30 ml*
1	gros avocat en morceaux	
1	tasse de tofu écrasé	*240 ml*
1	cuil. à thé de zeste de citron	*4 ml*
1/4	tasse de jus de citron	*60 ml*
1/2	tasse de miel	*120 ml*
1	cuil. à thé de vanille	
1	fond de tarte cuit	
Noix de coco râpée		

Faire bouillir l'eau et l'agar-agar. Passer tous les autres ingrédients au mélangeur puis y incorporer l'agar-agar. Verser dans le fond de tarte cuit et laisser refroidir. Garnir de noix de coco râpée.

Cette tarte doit être servie la journée même car elle noircit rapidement à cause de l'avocat qui s'oxyde.

Tarte au tofu
et au caroube

◆ ◆ ◆

1	bloc de tofu	*225 g*
1	banane	
1/4	tasse de crème 15 %	*60 ml*
1/4	tasse de sirop d'érable	*60 ml*
1/4	tasse de caroube en poudre	*60 ml*
1/4	tasse de lait	*60 ml*
Vanille		
1	fond de tarte cuit	
Amandes émincées		

Mettre le lait, la crème, le tofu, la banane et les autres ingrédients au mélangeur. Verser le tout dans le fond de tarte cuit et décorer avec les amandes émincées. Cuire au four à 350 °F *(180 °C)* pendant 25 minutes.

Servir froide.

Tarte aux dattes et à l'orange

◆ ◆ ◆

1 1/2	tasse de dattes	*360 ml*
2 1/2	tasses de jus d'orange	*600 ml*
1 1/2	cuil. à table de zeste d'orange	*20 ml*
1 3/4	cuil. à table d'agar-agar gonflé dans un peu d'eau froide	*25 ml*
Sel		
Vanille		
1	fond de tarte cuit	
Noix de coco râpée (facultatif)		

Faire cuire les dattes dans le jus d'orange, puis y ajouter le zeste, le sel et la vanille. Saupoudrer l'agar-agar dans un peu d'eau et laisser gonfler. Le verser en brassant dans les dattes et cuire encore quelques minutes pour bien la dissoudre. Verser dans le fond de tarte cuit. Saupoudrez de noix de coco si désiré et laisser refroidir.

Tarte au sirop d'érable de Gaston

◆ ◆ ◆

3	œufs battus	
2	tasses de sirop d'érable	*480 ml*
2	tasses de crème 35 %	*480 ml*
Vanille		
2	cuil. à table de farine	*30 ml*
1	fond de tarte non cuit	

Battre le tout vigoureusement. Verser dans un fond de tarte non cuit. Cuire au four à 325 °F *(180 °C)* pendant 1 heure. Éteindre le four et, sans l'ouvrir, y laisser la tarte encore 1/2 heure afin qu'elle reste bien gonflée.

Tarte aux raisins secs et au sirop d'érable

◆◆◆

1	tasse de sirop d'érable	*240 ml*
1/2	tasse d'eau	*120 ml*
2	cuil. à table de fécule de maïs	*30 ml*
1	tasse de raisins secs	*240 ml*
1	cuil. à table de beurre	*15 ml*
Jus d'un citron		
1	fond de tarte non cuit	

Mêler la fécule de maïs et l'eau dans une casse-role. Ajouter le sirop d'érable et les raisins. Amener à ébullition en remuant jusqu'à ce que le mélange soit épais et transparent. Ajouter le beurre et le jus de citron. Verser le mélange refroidi dans le fond de tarte non cuit. Cuire à 350°F *(180°C)* pendant 20 à 25 minutes.

Glaçage au caroube

◆◆◆

2	cuil. à table de miel	*30 ml*
2	cuil. à table de beurre mou	*30 ml*
1	cuil. à thé de vanille	*4 ml*
2	cuil. à table de lait complet	*30 ml*
2	cuil. à table de poudre de caroube	*30 ml*
1/4	tasse de lait en poudre	*60 ml*

Mélanger le tout. Bien brasser en fouettant jusqu'à consistance homogène. Si le glaçage est trop sec, ajouter un peu de lait complet.

Glaçage à l'amande

◆◆◆

1 1/2	cuil. à table de beurre	*20 ml*
3/4	tasse de lait en poudre	*180 ml*
1/4	tasse de miel	*60 ml*
1 1/2 à 3	cuil. à thé de lait entier	*6 ml à 12 ml*
1 1/2	cuil. à thé d'essence d'amandes	*6 ml*

Mettre le beurre en crème. Ajouter le miel et l'essence d'amandes. Verser sur le mélange le lait en poudre et éclaircir le mélange avec le lait entier. Laisser reposer quelques minutes et étendre sur le gâteau.

Convient très bien au gâteau au caroube (voir recette à la page 212).

Glaçage des neiges

◆ ◆ ◆

1	tasse de sucre brun	*240 ml*
4	cuil. à table d'eau	*60 ml*
1	blanc d'œuf en neige	

Faire bouillir l'eau et le sucre, puis verser en filet très mince sur le blanc d'œuf monté en neige. Couvrir le gâteau. Idéal pour le gâteau aux carottes.

Glaçage au fromage

◆ ◆ ◆

1	paquet de 4 oz de fromage à la crème	*120 g*
1/4	tasse de beurre non salé	*60 ml*
1	tasse de sucre en poudre	*240 ml*

Vanille

Un peu de lait entier

Défaire le beurre en crème, y ajouter le fromage et mélanger jusqu'à onctueux. Y verser le sucre en poudre un peu à la fois, bien mélanger et ajouter quelques gouttes de lait pour rendre le glaçage plus crémeux et plus liquide. Ajouter la vanille. Laisser refroidir et en couvrir le gâteau de votre choix.

Glaçage au miel
et au café

◆◆◆

1/2	tasse de beurre fondu	*120 ml*
1/2	tasse de miel	*120 ml*
2	tasses de lait en poudre	*480 ml*
1	cuil. à thé d'essence de café	*4 ml*

Battre le tout et refroidir légèrement. Se sert très bien avec le gâteau moka (voir recette à la page 211).

Glaçage au lait en poudre

(sans sucre)

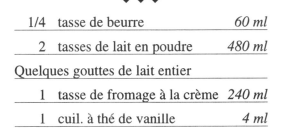

1/4	tasse de beurre	*60 ml*
2	tasses de lait en poudre	*480 ml*
Quelques gouttes de lait entier		
1	tasse de fromage à la crème	*240 ml*
1	cuil. à thé de vanille	*4 ml*

Défaire le beurre en crème. Incorporer le fromage en crème et le lait en poudre. Brasser en incorporant la vanille et un peu de lait entier jusqu'à consistance voulue.

Pain-gâteau aux noix et aux dattes

◆ ◆ ◆

3	tasses de farine	*720 ml*
3	cuil. à thé de poudre à pâte	*12 ml*
1	cuil. à thé de sel	*4 ml*
1/2	tasse de sucre	*120 ml*
1	œuf	
1/2	tasse de lait	*120 ml*
1/2	tasse de sirop d'érable	*120 ml*
1/3	tasse de jus d'orange	*80 ml*
2	cuil. à table de margarine fondue	*30 ml*
1	tasse de noix hachées	*240 ml*
1	tasse de dattes hachées	*240 ml*

Dans un grand bol, mettre l'œuf, la margarine, le sirop d'érable, le jus d'orange et le lait. Ajouter à ce mélange les ingrédients secs, les dattes et les noix, puis bien brasser. Verser dans des moules à pain beurrés et enfarinés. Cuire au four à 350°F *(180°C)* pendant 1 heure 20 minutes.

Donne 2 gâteaux.

Ce pain-gâteau se congèle très bien.

Gâteau au fromage

◆◆◆

Premier mélange :

1/4	tasse de beurre fondu	*60 ml*
1/3	tasse de noix de coco râpée	*80 ml*
1/3	tasse de germe de blé	*80 ml*
1	cuil. à thé de cardamome	*4 ml*
1	tasse de farine	*240 ml*
3	cuil. à table de miel	*45 ml*

Sel

Mélanger le tout. Tapisser généreusement un fond de gâteau à anneau et y verser le mélange.

Deuxième mélange :

2	livres de fromage en crème	*900 g*
2	tasses de yogourt nature	*480 ml*
1	tasse de miel	*240 ml*
3	cuil. à table de fécule	*45 ml*
1	banane en purée	
1	cuil. à table de vanille	*15 ml*

Jus d'un citron

Verser dans le moule sur le premier mélange. Cuire au four à 350 °F *(180 °C)* pendant 1 heure.

Gâteau à l'avoine et aux dattes

◆◆◆

1	tasse de flocons d'avoine	*240 ml*
1 1/2	tasse d'eau bouillante	*360 ml*
1/2	tasse de margarine	*120 ml*
3/4	tasse de sucre brun	*180 ml*
1	tasse de farine	*240 ml*
1	cuil. à thé de vanille	*4 ml*
1	cuil. à thé de soda à pâte	*4 ml*
Sel		
1	tasse de dattes hachées	*240 ml*
1/2	tasse de noix hachées	*120 ml*

Ébouillanter les flocons d'avoine et les laisser de côté. Ramollir la margarine, y verser le sucre et faire mousser. Mélanger la farine, le sel et le soda à pâte. Incorporer les dattes et les noix. Mélanger le tout avec les flocons d'avoine. Battre légèrement. Verser dans un moule à gâteau graissé et enfariné. Cuire au four à 350°F *(180°C)* pendant environ 35 minutes.

Gâteau aux amandes

◆◆◆

1	tasse de farine	*240 ml*
1/2	tasse de beurre fondu	*120 ml*
3	cuil. à table d'amandes effilées	*45 ml*
1/2	tasse de sucre	*120 ml*
3	œufs	
1	cuil. à thé d'essence d'amandes	*4 ml*

Battre ensemble les œufs, le beurre et le sucre, puis incorporer la farine tamisée. Ajouter les amandes effilées et l'essence d'amandes, puis bien mélanger à la spatule. Beurrer et enfariner un moule et y verser la pâte obtenue. Cuire au four à 375 °F *(190 °C)* pendant 30 minutes.

198

Gâteau aux bananes

◆ ◆ ◆

3/4	tasse de margarine	*180 ml*
3	œufs	
3	tasses de farine	*720 ml*
1	pincée de sel	
Noix hachées, raisins secs		
1/2	tasse de sucre	*120 ml*
3 à 4	bananes	
2	cuil. à thé de poudre à pâte	*8 ml*
1	cuil. à thé de vanille	*4 ml*

Mélanger la farine, le sel et la poudre à pâte. Écraser les bananes. Y ajouter les œufs, le sucre et la margarine. Incorporer les ingrédients secs, les noix, les raisins et la vanille. Ne brasser que légèrement et mettre dans un moule beurré et enfariné. Cuire au four à 350 °F *(180 °C)* pendant environ 40 minutes.

199

Gâteau aux carottes

1 1/2	tasse de farine	360 ml
1/2	cuil. à thé de soda à pâte	2 ml
1/2	cuil. à thé de sel	2 ml
3/4	tasse de miel	180 ml
1	tasse de carottes râpées enrobées de farine	240 ml
1/4	tasse de noix hachées	60 ml
1	cuil. à thé de poudre à pâte	4 ml
1	cuil. à thé de cannelle	4 ml
2/3	tasse de beurre	160 ml
2	œufs	
1/4	tasse de raisins secs	60 ml

Mélanger tous les ingrédients secs ensemble. Dans un autre bol, mélanger le beurre et le miel, ajouter un à un les œufs, puis verser les ingrédients secs, les noix, les raisins et les carottes râpées. Beurrer et enfariner un moule à gâteau et y verser la pâte. Cuire au four à 350 °F *(180 °C)* pendant 35 à 40 minutes.

Gâteau aux pommes

◆ ◆ ◆

3/4	tasse de farine	*180 ml*
1/4	tasse de sucre	*60 ml*
1	cuil. à thé de poudre à pâte	*4 ml*
1	œuf	
1/2	tasse de crème 15 %	*120 ml*
1	cuil. à thé de vanille	*4 ml*
1	pincée de sel	
3	tasses de pommes émincées	*720 ml*
1/2	tasse de noix hachées	*120 ml*

Dans un grand bol, mélanger la farine, le sucre, la poudre à pâte, la crème, l'œuf, la vanille et le sel. Ensuite, ajouter les pommes émincées et les noix hachées. Verser le tout dans un plat beurré allant au four. Puis, bien mélanger jusqu'à consistance granuleuse :

1/4	tasse de farine	*60 ml*
2	cuil. à table de sucre	*30 ml*
1	pincée de cannelle	

Saupoudrer ce mélange sur la pâte. Cuire au four à 350 °F *(180 °C)* pendant 40 minutes.

Gâteau aux pommes d'Annie

◆◆◆

1	tasse de farine	*240 ml*
1/4	tasse de sucre	*60 ml*
1/3	tasse de beurre	*80 ml*

Mélanger le tout, déposer dans un plat en pyrex. Cuire au four à 350 °F *(180 °C)* pendant 15 minutes. Préparer ensuite le mélange suivant:

2	œufs	
3/4	tasse de sucre	*180 ml*
1/4	tasse de farine	*60 ml*
1	tasse de pommes rouges pelées et râpées	*480 ml*
1 1/2	tasse de noix de coco râpée	*360 ml*
Vanille		
Sel		

Verser au sortir du four sur le premier mélange encore chaud et remettre à cuire à 350 °F *(180 °C)* pendant 30 minutes .

Gâteau à la compote de pommes

◆ ◆ ◆

3	tasses de farine	*720 ml*
1/2	tasse de sucre	*120 ml*
1	tasse de beurre	*240 ml*
2	jaunes d'œufs	
1	zeste d'un citron	
1/2	cuil. à thé de cannelle	*2 ml*
Sel		
2	blancs d'œufs en neige	
2	tasses de compote de pommes	*480 ml*

Mélanger ensemble la farine, le sucre, le sel, les jaunes d'œufs, le beurre et le zeste de citron. Monter les blancs d'œufs en neige et les incorporer. Mêler la cannelle à la compote de pommes. Dans un moule carré de 9 po *(23 cm)* beurré et enfariné, verser la moitié du mélange de pâte. Étaler dessus la compote de pommes, puis couvrir du reste du mélange de pâte. Cuire au four à 350°F *(180°C)* pendant environ 40 minutes.

Gâteau aux carottes et aux zucchinis

1	tasse de sucre brun	*240 ml*
1	tasse d'huile	*240 ml*
4	œufs	
2	tasses de farine	*480 ml*
1 1/2	cuil. à thé de soda à pâte	*6 ml*
1	cuil. à thé de poudre à pâte	*4 ml*
1	cuil. à thé de sel	*4 ml*
1	cuil. à thé de cannelle	*4 ml*
2	tasses de carottes râpées	*480 ml*
1 1/2	tasse de zucchinis non pelés râpés	*360 ml*
1	tasse de raisins secs	*240 ml*
1/2	tasse de noix hachées	*120 ml*

Battre ensemble les œufs, le sucre et l'huile. Mélanger tous les ingrédients secs. Mélanger les carottes, les zucchinis, les raisins secs, les noix et un peu de farine. Verser les ingrédients secs dans le mélange œufs, sucre et huile et, en dernier lieu, y incorporer le mélange carottes, zucchini, raisins secs et noix. Mélanger le tout et verser dans un grand moule huilé et enfariné. Cuire au four à 350°F *(180°C)* pendant 45 minutes. Laisser refroidir et recouvrir de glaçage au fromage (voir recette à la page 192).

Gâteau aux zucchinis

◆◆◆

3	œufs	
1	tasse de sucre	*240 ml*
1	tasse d'huile	*240 ml*
1	tasse de fromage à la crème	*240 ml*
2	tasses de courgettes râpées	*480 ml*
3	tasses de farine	
3	cuil. à thé de poudre à pâte	*12 ml*
1	cuil. à thé de sel	*4 ml*
1	cuil. à thé de cannelle	*4 ml*
1	cuil. à thé de vanille	*4 ml*
1/4	tasse de noix hachées	*60 ml*

Faire mousser les œufs. Y ajouter le sucre, l'huile, le fromage et les courgettes. Dans un autre bol, mélanger les ingrédients secs, puis incorporer au premier mélange. Mettre dans un moule beurré et enfariné. Cuire à 350 °F *(180 °C)* pendant 40 à 45 minutes.

Gâteau à la courgette

❖❖❖

1 1/2	tasse de sucre	*360 ml*
3	tasses de farine	*720 ml*
1 1/2	cuil. à thé de soda à pâte	*6 ml*
1/2	cuil. à thé de muscade	*2 ml*
1 1/4	tasse d'huile	*300 ml*
1	tasse de noix hachées	*240 ml*
4	œufs	
1	cuil. à thé de poudre à pâte	*8 ml*
2	cuil. à thé de cannelle	*8 ml*
1/2	cuil. à thé de sel	*8 ml*
3	tasses de courgettes pelées et hachées	*720 ml*
1	tasse de raisins secs	*240 ml*

Mélanger et bien battre ensemble le sucre, les œufs et l'huile. Ajouter les ingrédients secs tamisés et en dernier lieu ajouter la courgette, les noix et les raisins. Mettre dans un grand moule beurré et enfariné. Cuire au four à 350°F *(180°C)* pendant 40 à 45 minutes.

Gâteau à la noix de coco

◆ ◆ ◆

2	œufs	
1/2	tasse de sucre	*120 ml*
1/2	tasse de lait	*120 ml*
1 1/2	cuil. à thé de vanille	*6 ml*
1	cuil. à table de beurre	*15 ml*
1	tasse de farine	*240 ml*
1/4	tasse de noix de coco râpée	*60 ml*
1 1/2	cuil. à thé de poudre à pâte	*6 ml*

Battre les œufs avec le sucre jusqu'à mousseux. Chauffer le lait, la vanille et le beurre et verser en brassant sur les œufs et le sucre. Incorporer les in-grédients secs préalablement mélangés. Verser dans un plat beurré et enfariné. Préparer ensuite :

3 cuil. à table de brisures de caroube	45 ml
2 cuil. à table de sucre	30 ml
1/4 tasse de noix de coco râpée	60 ml
1/4 tasse de noix hachées	60 ml

Mélanger ces ingrédients et saupoudrer sur le mélange à gâteau. Cuire au four à 350 °F *(180 °C)* pendant 40 minutes.

207

Gâteau au miel et au café

♦♦♦

3	œufs	
1/4	tasse de sucre brun	*60 ml*
1	tasse de café noir froid	*240 ml*
1	tasse d'huile	*240 ml*
1	tasse de miel	*240 ml*
1	cuil. à thé de soda à pâte	*4 ml*
2	cuil. à thé de poudre à pâte	*8 ml*
3	tasses de farine	*720 ml*
1/2	cuil. à thé de cannelle	*2 ml*
1/2	cuil. à thé d'essence de café	*2 ml*

Battre ensemble le sucre brun, les œufs, l'huile, le miel et l'essence de café. Dissoudre le soda à pâte dans le café et ajouter au mélange. Dans un autre bol, brasser la farine, la poudre à pâte et la cannelle, puis incorporer au premier mélange. Verser dans un moule beurré et enfariné. Cuire au four à 350 °F *(180 °C)* pendant 40 à 45 minutes.

Gâteau épicé

◆ ◆ ◆

1	tasse de beurre ramolli	*240 ml*
1 1/2	tasse de sucre	*360 ml*
1	cuil. à table de zeste d'orange	*15 ml*
3	œufs	
2 1/2	tasses de farine	*600 ml*
1	cuil. à thé de poudre à pâte	*4 ml*
1	cuil. à thé de soda à pâte	*4 ml*
1	cuil. à thé de sel	*4 ml*
1	cuil. à thé de cannelle	*4 ml*
1/2	cuil. à thé de quatre-épices	*2 ml*
1	tasse de crème sure	*240 ml*
1	tasse de pommes cuites	*240 ml*
1	tasse de raisins secs	*240 ml*
1	tasse de noix hachées	*240 ml*

Battre en crème le sucre, le beurre et le zeste d'orange jusqu'à consistance mousseuse. Battre les œufs, et les ajouter un à la fois. Combiner les ingrédients secs. Mélanger la crème sure et les pommes, puis ajouter au premier mélange en alternant avec les ingrédients secs combinés. Mélanger les raisins secs et les noix dans un peu de farine avant d'ajouter au mélange. Mettre au four à 350°F *(180°C)* dans un grand moule beurré et enfariné pendant 55 à 60 minutes. On peut répartir le mélange dans 2 moules plus petits ; cuire alors pendant 40 à 45 minutes.

Gâteau à la noix de coco et à l'orange

❖❖❖

1	tasse de beurre	*240 ml*
3	œufs	
1 1/2	tasse de jus d'orange	*360 ml*
2	cuil. à thé de poudre à pâte	*8 ml*
1	tasse de brisures de caroube	*240 ml*
1	tasse de germe de blé	*240 ml*
1	tasse de miel	*240 ml*
1 1/2	cuil. à thé de vanille	*6 ml*
2 1/2	tasses de farine à pâtisserie	*600 ml*
2	cuil à thé de soda à pâte	*8 ml*
1 3/4	tasse de noix de coco râpée	*420 ml*

Brasser les ingrédients secs avec les ingrédients humides. Mettre dans un moule recouvert de papier ciré graissé et enfariné. Cuire au four à 350 °F *(180 °C)* pendant 50 à 55 minutes .

Gâteau moka

◆◆◆

3	jaunes d'œufs	
1/4	tasse de café noir froid	*60 ml*
3/4	tasse de lait	*180 ml*
1/2	tasse d'huile	*120 ml*
1	tasse de sucre	*240 ml*
1/2	cuil. à thé de vanille	*2 ml*
1 3/4	tasse de farine	*420 ml*
1/4	tasse de poudre de caroube tamisée	*60 ml*
3	cuil. à thé de poudre à pâte	*12 ml*
1	pincée de sel	
3	blancs d'œufs en neige	

Battre ensemble les jaunes d'œufs, l'huile et le sucre. Y ajouter le lait, le café froid et la vanille. Mélanger ensemble la farine, la poudre de caroube, la poudre à pâte et le sel. Monter les blancs d'œufs en neige. Mêler les ingrédients secs aux ingrédients liquides et y incorporer les blancs d'œufs délicatement. Verser dans un moule graissé et enfariné. Cuire au four à 350°F *(180°C)* pendant 30 à 35 minutes.

On sert ce gâteau recouvert de glaçage au miel et au café (voir recette à la page 193).

211

Gâteau au caroube

1	tasse de lait	*240 ml*
1	œuf	
3/4	tasse de sucre	*180 ml*
1/3	tasse d'huile	*80 ml*
1/2	cuil. à thé de sel	*2 ml*
1 1/4	tasse de farine	*300 ml*
1/4	tasse de poudre de caroube	*60 ml*
1/2	cuil. à thé de poudre à pâte	*2 ml*
1	cuil. à thé de soda à pâte	*4 ml*

Battre ensemble l'œuf, le sucre et l'huile. Ajouter le lait. Dans un autre bol, mélanger les ingrédients secs, puis bien incorporer au premier mélange. Cuire au four dans un moule beurré et enfariné à 350 °F *(180 °C)* pendant 35 à 40 minutes.

Une fois le gâteau refroidi, le recouvrir de gla-çage à l'amande (voir recette à la page 190).

Renversé à l'ananas

◆◆◆

1/2	tasse de beurre	120 ml
2	œufs	
1	tasse de sucre	240 ml
Sucre, sel		
1 1/2	tasse de farine	360 ml
3/4	cuil. à thé de soda à pâte	3 ml
1/2	tasse de lait	120 ml
1/2	cuil. à thé de poudre à pâte	2 ml
1/2	ananas	
Beurre, sucre		

Défaire le beurre en crème et y incorporer le sucre et les œufs battus. Mélanger le soda à pâte, la poudre à pâte, le sel et la farine, puis verser dans le premier mélange en alternant avec le lait. Aromatiser avec la vanille. Mélanger à part dans un bol l'ananas en morceaux, un peu de beurre et du sucre. Étaler ce mélange sur le fond d'un plat allant au four et verser dessus la pâte. Cuire au four à 350°F *(180°C)* pendant 30 minutes.

Pouding au riz basmati

◆◆◆

2	tasses de riz basmati cuit	*480 ml*
3	tasses de lait	*720 ml*
1/2	tasse de miel	*120 ml*
1/2	tasse de dattes hachées	*120 ml*
1/2	tasse de raisins secs	*120 ml*
1/2	tasse de noix hachées	*120 ml*
2	cuil. à thé de vanille	*8 ml*
3	œufs battus	

Mélanger bien le tout. Cuire au four dans un plat huilé à 350°F *(180°C)* environ 30 minutes.

Servir dans des coupes garnies de fruits frais.

Pouding chômeur
de Mariette

Premier mélange :

2	tasses de farine	*480 ml*
1	œuf battu	
1/2	cuil. à thé de soda à pâte	*2 ml*
3	cuil. à thé de poudre à pâte	*45 ml*
1	cuil. à thé de sel	*4 ml*
1	tasse de lait	*240 ml*
Vanille		

Mélanger le tout et placer dans un plat allant au four.

Deuxième mélange :

Bouillir 2 à 3 minutes ensemble :

3	tasses de cassonade	*720 ml*
2	tasses d'eau	*240 ml*
2	cuil. à table de beurre	*30 ml*

Jeter chaud sur le premier mélange de pâte sans mélanger. Cuire au four à 375 °F *(190 °C)* pendant 25 minutes.

Carrés style brownies

◆◆◆

2 1/2	tasses de farine	600 ml
1/2	tasse de caroube en poudre	120 ml
2	jaunes d'œufs	
3/4	tasse de miel	180 ml
1/3	tasse d'huile	80 ml
1/4	tasse de café fort froid	60 ml
2	cuil. à thé de vanille	80 ml
Sel		
1	tasse de noix hachées	240 ml
2	blancs d'œufs montés en neige	

Mélanger la farine, la poudre de caroube, le sel et les noix. Battre dans un autre bol les jaunes d'œufs, l'huile, le miel, le café et la vanille. Mélanger les deux préparations, puis incorporer les blancs d'œufs montés en neige. Placer dans un plat graissé et enfariné. Cuire au four à 350°F *(180°C)* pendant 40 à 45 minutes.

Carrés au caroube

♦♦♦

1	tasse de farine	*240 ml*
1/2	cuil. à thé de soda à pâte	*2 ml*
2 1/2	tasses de flocons d'avoine	*600 ml*
1	tasse de sucre	*240 ml*
1	tasse d'huile	*240 ml*

Mélanger et presser dans un moule en pyrex graissé. Cuire 10 minutes au four à 350°F *(180°C)*, puis préparer :

1/2	tasse d'huile	*120 ml*
1/3	tasse de caroube en poudre tamisé	*80 ml*
1 1/2	tasse de sucre	*360 ml*
2	œufs	
1 1/3	tasse de farine	*320 ml*
1/2	cuil. à thé de poudre à pâte	*2 ml*
1/2	cuil. à thé de soda à pâte	*2 ml*
1/2	tasse de lait	*240 ml*
1	cuil. à thé de vanille	*4 ml*

Mélanger le tout et verser sur la première préparation. Cuire encore à 350°F *(180°C)* pendant 25 minutes.

Carrés secs aux flocons d'avoine

◆◆◆

1/2	tasse de beurre	120 ml
1	cuil. à table de sucre brun	15 ml
1	cuil. à thé de gingembre	4 ml
Sel, vanille		
3	cuil. à table de sirop d'érable	45 ml
1 1/2	tasse de flocons d'avoine	360 ml
1	cuil. à table de mélasse	15 ml

Battre le beurre avec le sucre jusqu'à consistance crémeuse. Y ajouter le sel, le gingembre, la mélasse et le sirop d'érable et bien battre. Ajouter la vanille et les flocons d'avoine. Beurrer un plat allant au four et y verser la pâte. Bien tasser et décorer avec des noix enfoncées dans la pâte. Cuire au four à 350°F *(180°C)* pendant 15 à 20 minutes.

Découper en carrés au sortir du four sans démouler tout de suite. Attendre que les carrés aient refroidi légèrement.

Carrés aux bananes

◆◆◆

2	tasses de fromage cottage	*480 ml*
3	bananes en rondelles	
1/2	tasse de yogourt nature	*120 ml*
2	œufs	
Jus d'un citron		
6	cuil. à table de miel	*90 ml*
1	cuil. à thé de vanille	*4 ml*
1/4	tasse de farine	*60 ml*
1	tasse de flocons d'avoine	*240 ml*
Noix de coco râpée		

Mélanger tous les ingrédients à l'exception des flocons d'avoine. Tapisser le fond d'un plat en pyrex graissé avec les flocons d'avoine. Verser le mélange dessus et recouvrir de noix de coco râpée. Cuire au four à 350 °F *(180 °C)* pendant 40 minutes.

Carrés aux pêches

◆◆◆

1	tasse de sucre brun	*240 ml*
10	pêches en lamelles	
2	tasses de farine	*480 ml*
1/2	cuil. à thé de sel	*2 ml*
1/2	tasse de beurre	*120 ml*
1	cuil. à thé de cannelle	*4 ml*
1/2	cuil. à thé de poudre à pâte	*2 ml*
2	cuil. à table de sucre	*30 ml*
1	tasse de yogourt nature	*240 ml*
2	œufs	

Tamiser ensemble la farine, la poudre à pâte, le sel et le sucre. Couper le beurre dans les ingrédients secs et l'incorporer, puis verser ce mélange dans un plat carré allant au four. Disposer les pêches uniformément sur la pâte et les saupoudrer de cannelle et de sucre brun. Faire cuire au four à 400°F *(200°C)* pendant 15 minutes. Battre les œufs, ajouter le yogourt, bien mélanger rapidement et verser ce mélange sur les pêches. Remettre au four 30 minutes à 350°F *(180°C)*.

Servir chauds ou froids.

Carrés au citron

◆ ◆ ◆

1 1/2	tasse de farine	*360 ml*
1	tasse de sucre	*240 ml*
1 1/2	cuil. à thé de soda à pâte	*6 ml*
1/3	tasse d'huile	*80 ml*
1/2	cuil. à thé de sel	*2 ml*
2	œufs légèrement battus	
1/2	tasse de lait	*120 ml*
2	cuil. à thé de zeste de citron râpé	*8 ml*

Dans un bol, mélanger à la fourchette la farine, le sucre, le soda à pâte et le sel. Ajouter les œufs, le lait, l'huile et le zeste de citron. Bien mélanger et, dans un plat carré de 9 po. *(23 cm)* faire cuire au four à 350°F *(180°C)* pendant 30 minutes jusqu'à ce qu'un cure-dents inséré au centre en ressorte propre. Retirer du four et verser dessus le sirop au citron suivant :

2/3	tasse de sucre	*160 ml*
3	cuil. à table de jus de citron	*45 ml*

Remettre au four pour 15 minutes. Laisser refroidir et servir.

Carrés aux dattes

◆ ◆ ◆

1 1/2	tasse de flocons d'avoine	360 ml
1 1/2	tasse de farine	360 ml
2	cuil. à thé de poudre à pâte	8 ml
1	cuil. à thé de vanille	4 ml
1	tasse de sucre brun	240 ml
1	tasse de beurre fondu	240 ml
2	tasses de dattes	480 ml

Raisins secs, noix hachées

Dans une casserole, couvrir les dattes et les raisins d'eau et ajouter la vanille. Cuire jusqu'à absorption de l'eau. Mélanger les ingrédients secs avec le beurre fondu, puis étaler la moitié du mélange dans le fond d'un plat allant au four. Couvrir du mélange de dattes, ajouter les noix et recouvrir du reste du mélange d'avoine. Cuire au four à 350 °F *(180 °C)* pendant 35 à 40 minutes. Couper en carrés au sortir du four.

Muffins à l'avoine

1	tasse de farine de blé	240 ml
1	tasse de farine d'avoine	240 ml
1	tasse de raisins secs	240 ml
4	cuil. à table de sucre	60 ml
1/2	cuil. à thé de sel	2 ml
2	cuil. à table de poudre à pâte	8 ml
1	œuf battu	
3	cuil. à table de lait en poudre dilué dans	45 ml
1	tasse d'eau	240 ml
3	cuil. à table d'huile	45 ml
1	cuil. à thé de vanille	4 ml
1/4	tasse d'amandes hachées	

Faire gonfler les raisins secs dans un peu d'eau environ 1/2 heure. Mélanger les farines, le sucre, la poudre à pâte et le sel. Battre l'œuf, y ajouter le lait, l'huile et la vanille. Mélanger ensemble rapidement la farine, l'appareil liquide, les raisins égouttés et les amandes. Remuer mais juste pour tremper la farine. Laisser reposer quelques minutes, verser dans des moules à muffins huilés. Cuire au four à 400°F (200°C) pendant 20 à 25 minutes.

Muffins aux canneberges

◆◆◆

1	tasse de canneberges hachées	240 ml
1/4	tasse de sucre	60 ml
1	tasse de farine	240 ml
1/2	cuil. à thé de sel	2 ml
1	œuf	
1/4	tasse de beurre fondu	60 ml
1	cuil. à table de poudre à pâte	15 ml
1	cuil. à table de zeste d'orange	15 ml
1	tasse de lait	240 ml
1	cuil. à thé de vanille	4 ml

Mélanger les canneberges et le sucre. À part, mélanger la farine, la poudre à pâte et le sel, puis ajouter le lait, l'œuf, le beurre et la vanille. Ajouter à ce mélange les canneberges sucrées et le zeste d'orange. Beurrer des moules à muffins et les remplir de cette pâte. Cuire au four à 400°F *(200°C)* pendant 20 à 25 minutes.

Donne 12 muffins.

Muffins au son

1	tasse de farine	*240 ml*
1	tasse de son	*240 ml*
1	cuil. à thé de sel	*4 ml*
3	cuil. à table de germe de blé	*45 ml*
1	cuil. à thé de poudre à pâte	*4 ml*
3/4	tasse de sucre brun	*180 ml*
1/3	tasse d'huile	*80 ml*
3/4	tasse de lait	*180 ml*
1	œuf battu	
1	cuil. à thé de vanille	*4 ml*
1/2	tasse de raisins secs	*120 ml*
1/2	tasse d'ananas confits	*120 ml*

Mêler la farine, le son, le germe de blé, la poudre à pâte, le sel et le sucre. Incorporer les raisins secs et les ananas confits. Dans un autre bol, mélanger l'œuf et l'huile. Faire mousser, ajouter la vanille et le lait, puis délicatement, sans trop brasser le mélange, ajouter les ingrédients secs. Verser dans des moules à muffins huilés. Cuire au four à 350 °F *(180 °C)* pendant 20 à 25 minutes. Démouler au sortir du four.

Muffins aux framboises

◆◆◆

1 3/4	tasse de farine	420 ml
1/3	tasse de sucre	80 ml
1	cuil. à table de poudre à pâte	15 ml
1/2	cuil. à thé de sel	2 ml
2	œufs battus	
1	tasse de lait	240 ml
1/4	tasse de beurre fondu	60 ml
3/4	tasse de framboises fraîches	180 ml
1	cuil. à thé de zeste d'orange	4 ml

Mélanger la farine, le sucre, la poudre à pâte et le sel. Introduire délicatement les framboises fraîches et le zeste d'orange, assez pour enrober les fruits. Dans un autre bol, mélanger les ingrédients humides puis mêler au premier mélange juste assez pour mouiller le tout. Verser dans des moules à muffins huilés. Cuire à 350°F *(180°C)* pendant environ 20 minutes.

Muffins au fromage

◆◆◆

2	tasses de farine	*480 ml*
1 1/2	tasse de lait	*360 ml*
3	cuil. à table de poudre à pâte	*45 ml*
1/3	tasse d'huile	*80 ml*
2	cuil. à table de sucre	*30 ml*
1	tasse de fromage râpé	*240 ml*
1	œuf	
1	pincée de sel	

Mélanger les ingrédients humides et ajouter les ingrédients secs sans trop brasser. Déposer dans des moules à muffins huilés. Cuire au four à 350°F *(180°C)* pendant 20 minutes.

Muffins à la noix de coco

◆◆◆

1	œuf	
1	tasse de lait	240 ml
1/4	tasse de beurre fondu	60 ml
1	tasse de noix de coco râpée	240 ml
1/2	cuil. à thé de muscade	2 ml
2	tasses de farine	480 ml
2	cuil. à thé de poudre à pâte	8 ml
1/2	tasse de sucre	120 ml
1/2	cuil. à thé de sel	2 ml
Gelée de fruits pour garniture		

Battre ensemble à la fourchette l'œuf, le lait et le beurre. Ajouter la noix de coco. Tamiser ensemble les ingrédients secs et incorporer au premier mélange jusqu'à obtenir une pâte granuleuse. Mettre dans des moules à muffins huilés. Cuire au four à 400°F *(200°C)* pendant 20 minutes. Retirer du four et démouler lorsque refroidi. Découper un petit cône sur le dessus de chaque muffin, remplir de gelée de fruits, puis replacer le cône.

Biscuits aux graines de lin

◆◆◆

2/3	tasse d'huile	*160 ml*
3/4	tasse de miel	*180 ml*
1	pincée de sel	
1/2	tasse de graines de lin moulues	*120 ml*
3	tasses de farine	*720 ml*

Mélanger le tout et verser par cuillerées sur une plaque huilée. Cuire au four à 350°F *(180°C)* pendant environ 15 minutes.

Très bon pour la régularité intestinale.

Carrés à l'okara

(pulpe de soya)

2	tasses de sucre	*480 ml*
3/4	tasse de beurre	*180 ml*
2	œufs	
1	tasse de café noir froid	*240 ml*
1	cuil. à thé de cannelle	*4 ml*
1	cuil. à thé de muscade	*4 ml*
1	cuil. à thé de soda à pâte	*4 ml*
1 1/2	cuil. à thé de sel	*6 ml*
1 1/2	cuil. à thé de poudre à pâte	*6 ml*
2 1/2	tasses de farine	*600 ml*
1 1/2	tasse d'okara	*360 ml*
1	tasse de lait en poudre	*240 ml*
1	tasse de noix de coco râpée	*240 ml*

Battre le beurre avec le sucre, puis ajouter les œufs. Ajouter les ingrédients secs en alternant avec le liquide. Étendre sur une plaque beurrée comme pour un gâteau roulé. Cuire au four à 350 °F *(180 °C)* pendant environ 20 minutes. Découper lorsque légèrement refroidi.

Biscuits au beurre

◆◆◆

1/2	tasse de beurre	*120 ml*
2	cuil. à table de crème 15 %	*30 ml*
1	cuil. à thé de vanille	*4 ml*
1/2	tasse de sucre	*120 ml*
1 1/2	tasse de farine	*360 ml*
Cardamome ou cannelle		

Battre ensemble le beurre et le sucre. Ajouter la crème, puis les autres ingrédients. Avec ce mélange, former un rouleau, le disposer sur du papier ciré et réfrigérer plusieurs heures. Trancher en minces rondelles, déposer sur une tôle à biscuits beurrée. Cuire au four à 350°F *(180°C)* pendant 10 à 15 minutes. On peut saupoudrer de la cardamome ou de la cannelle sur les biscuits avant de les cuire.

Biscuits aux brisures de caroube

◆ ◆ ◆

1/2	tasse de beurre	*120 ml*
1/2	tasse de miel	*120 ml*
1	œuf	
1	cuil. à thé de vanille	*4 ml*
Noix au goût		
1 1/2	tasse de farine	*360 ml*
1	cuil. à thé de poudre à pâte	*4 ml*
1/2	cuil. à thé de sel	*2 ml*
1/2	tasse de brisures de caroube	*120 ml*
1/4	tasse de germe de blé	*60 ml*

Bien battre tous les ingrédients humides ensemble. Battre tous les ingrédients secs ensemble. Mélanger les deux appareils en brassant bien. Déposer à la cuillère sur une tôle à biscuits beurrée. Cuire au four à 350°F *(180°C)* pendant 15 minutes.

Biscuits au granola

◆◆◆

6	cuil. à table de margarine	*90 ml*
1/2	tasse de sucre brun	*120 ml*
1	pincée de sel	
3	cuil. à table de lait	*45 ml*
1	œuf battu	
1	cuil. à thé de vanille	*4 ml*
1/2	cuil. à thé de soda à pâte	*2 ml*
1/2	cuil. à thé d'eau	*2 ml*
1	tasse de farine	*240 ml*
1	cuil. à thé de poudre à pâte	*4 ml*
1	tasse de granola	*240 ml*
1/2	tasse de raisins secs	*120 ml*

Mêler la margarine et le sucre brun jusqu'à crémeux. Ajouter le lait, l'œuf battu, la vanille et le soda à pâte dissous dans l'eau, puis mélanger. Tamiser la farine, la poudre à pâte et le sel. Incorporer le granola et les raisins secs, puis mélanger le tout aux ingrédients humides en brassant légèrement. Déposer par cuillerées sur une tôle à biscuits huilée. Cuire au four à 375 °F *(190 °C)* pendant 10 à 12 minutes.

Biscuits
triangles à l'orange

◆◆◆

1 1/2	tasse de farine de blé entier	*360 ml*
1	pincée de sel	
1/2	tasse de sucre	*120 ml*
1/2	tasse de beurre mou	*120 ml*
Zeste d'une orange		
2	œufs entiers	
2 à 3	cuil. à table de jus d'orange froid	*30 ml à 45 ml*
3	cuil. à table de miel	*45 ml*
1	cuil. à table d'eau chaude	*15 ml*

Préchauffer le four à 375 °F *(190 °C)*. Tamiser la farine et le sel dans un bol. Ajouter le sucre, le beurre, les œufs et le zeste d'orange. Pétrir le tout très rapidement, ajouter le jus d'orange froid et former une boule. Foncer un moule à tarte de 12 po *(30 cm)* avec la pâte et presser la pâte pour former une galette épaisse. Mettre le miel dans une petite casserole, ajouter l'eau chaude et faire cuire le tout à feu vif pendant 2 minutes. Badigeonner la galette avec le miel et faire cuire le tout au four 35 minutes environ. Laisser refroidir, répéter l'opération du miel, attendre 30 minutes, puis couper en triangles.

234

Beignets aux pommes

◆◆◆

1 1/4	tasse de farine	*300 ml*
3	œufs	
1	cuil. à table d'huile	*15 ml*
1	tasse de lait	*240 ml*
1	cuil. à table de sucre	*15 ml*
4	pommes rouges	
Vanille		
Huile pour frire		

Faire une pâte avec les œufs, l'huile, le lait, le sucre et la vanille en intégrant graduellement la farine. Brasser légèrement. Laisser reposer la pâte au réfrigérateur pendant 30 minutes. Pendant ce temps, évider les pommes, les peler et les couper en rondelles moyennes. Tremper les rondelles de pommes dans la pâte à beignets. Jeter dans l'huile chaude et retirer lorsque dorées. Placer sur du papier absorbant pour retirer le surplus de gras. Saupoudrer de sucre à glacer et servir chauds.

Cette recette sert de recette de base pour de nombreuses variétés de beignets.

Crêpes
à l'orange

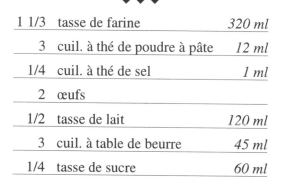

❖❖❖

1 1/3	tasse de farine	*320 ml*
3	cuil. à thé de poudre à pâte	*12 ml*
1/4	cuil. à thé de sel	*1 ml*
2	œufs	
1/2	tasse de lait	*120 ml*
3	cuil. à table de beurre	*45 ml*
1/4	tasse de sucre	*60 ml*

Mélanger ensemble la farine, la poudre à pâte et le sel. Dans un autre bol, battre ensemble les œufs, le lait, le beurre et le sucre. Verser cet appareil sur les ingrédients secs et mêler juste assez pour mouiller la farine. Faire chauffer une poêle huilée. Y verser assez de pâte pour former une petite crêpe, très peu à la fois. Cuire des deux côtés. Garder les crêpes au chaud pour ensuite les fourrer avec la sauce suivante :

6	oranges	
2	cuil. à table de farine	*30 ml*
2	cuil. à table de beurre	*30 ml*
1/2	tasse de crème 15 %	*120 ml*
Muscade, sucre		

➡

Presser 3 oranges et en garder le jus. Défaire les 3 autres en quartiers et les couper en 2. Faire fondre le beurre et y faire revenir les morceaux d'orange dans le sucre, puis verser le jus d'orange, la crème et la muscade. Retirer du feu et laisser refroidir. Étaler une crêpe dans une assiette, la remplir de sauce et la rouler. Faire de même pour toutes les autres crêpes. Saupoudrer le tout de sucre à glacer.

Servir chaudes ou froides.

Flan aux pruneaux

◆◆◆

1	tasse de pruneaux dénoyautés	240 ml
2	tasses d'eau	480 ml
2	cuil. à table de sucre	30 ml
1/2	tasse de farine tout usage	120 ml
1/2	tasse de sucre	120 ml
1 3/4	tasse de lait	420 ml
1	pincée de sel	
2	œufs	
2	cuil. à thé de beurre fondu tiède	8 ml

Mettre les pruneaux, l'eau et les 2 cuil. à table *(30 ml)* de sucre dans un bol. Laisser reposer pendant 12 heures. Égoutter sur des serviettes de papier. Préchauffer le four à 375 °F *(190 °C)*. Beurrer une assiette à tarte de 9 po *(23 cm)* à bord droit plutôt qu'incliné. Couvrir le fond de l'assiette de fruits. Verser les ingrédients secs dans le mélangeur. Ajouter les œufs et mélanger jusqu'à ce que le tout soit lisse. Verser graduellement le lait et le beurre tiède dans le mélange tout en brassant. Verser le tout sur les fruits dans l'assiette à tarte. Faire cuire le flan au milieu du four pendant 40 minutes. Insérer la pointe d'un couteau au milieu du flan. S'il en ressort propre, le flan est cuit.

Servir chaud ou froid, coupé en pointes.

Pouding aux pommes

◆◆◆

12	pommes rouges évidées, pelées et émincées	
2	cuil. à table de beurre	*30 ml*
1/2	tasse de fruits confits	*120 ml*
1/2	tasse d'eau	*120 ml*
Jus d'un citron		
1/2	tasse de cassonade	*120 ml*
2	cuil. à table de zeste de citron	*30 ml*
1	tasse de chapelure de biscuits	*240 ml*
Beurre fondu		

Mettre les pommes dans une casserole, ajouter le jus de citron, le beurre, la cassonade, les fruits confits, le zeste de citron et l'eau. Mélanger le tout, couvrir et faire cuire à feu moyen pendant 15 à 20 minutes. Retirer la casserole du feu et verser les pommes dans une assiette à tarte. Recouvrir le tout de la chapelure de biscuits mêlée à un peu de beurre fondu. Cuire au four à 375°F *(190°C)* pendant 15 minutes.

Servir avec de la crème 35 % légèrement battue.

Germe de blé-surprise

◆◆◆

1 1/2	tasse de germe de blé	*360 ml*
2	tasses de dattes en purée	*480 ml*
1/2	tasse de graines de sésame	*120 ml*
1/4	tasse de miel	*60 ml*
2	cuil. à table de beurre d'arachide	*30 ml*
1	cuil. à table de zeste d'orange ou de citron	*15 ml*
1/2	cuil. à thé de sel de mer	*2 ml*
1	tasse de noix du Brésil	*240 ml*
Noix de coco râpée ou en poudre		

Travailler tous les ingrédients à la main et former des petites boules. Mettre à l'intérieur de chacune de ces boules une noix du Brésil coupée en 2 puis rouler ces boules dans la noix de coco. Mettre au réfrigérateur.

Croquant aux pommes

◆◆◆

8	pommes rouges évidées, pelées et émincées	
1/2	tasse de sucre brun	*120 ml*
1	cuil. à thé de cannelle	*4 ml*
1	tasse de farine	*240 ml*
1/2	tasse de beurre	*120 ml*
1	tasse de noix hachées	*240 ml*

Disposer les pommes dans un plat beurré allant au four. Saupoudrer d'un peu de sucre. Mettre le beurre en crème avec le sucre brun. Y ajouter la farine, la cannelle et les noix, et mélanger. Étendre cette préparation sur les pommes en pressant légèrement. Cuire au four à 350°F *(180°C)* pendant 35 minutes.

Mousse aux pommes et au miel

◆ ◆ ◆

4	œufs séparés, jaunes battus, blancs en neige	
1/2	tasse de miel	*120 ml*
2	pommes rouges évidées, pelées et finement émincées	
1/4	tasse de jus d'orange	*60 ml*
1/4	tasse de noix hachées	*60 ml*
Vanille		

Bien mélanger au fouet dans un grand bol les jaunes d'œufs, le miel, le jus d'orange et la vanille. Monter les blancs d'œufs en neige dans un autre bol et les incorporer délicatement au mélange. Ajouter les pommes tranchées et les noix hachées.

Réfrigérer 15 à 20 minutes avant de servir.

Mousse de tofu
à l'orange

◆◆◆

6	oz de tofu en morceaux	*180 g*
3	oranges en quartiers	
3	cuil. à table de miel	*45 ml*
1/4	tasse de germe de blé	*60 ml*
1/2	tasse de lait	*120 ml*
1/2	tasse de yogourt nature	*120 ml*
1	œuf (facultatif)	
Muscade, vanille		

Passer le tout au mélangeur. Réfrigérer.

Servir dans des coupes décorées de fines tranches d'orange.

Mousse de tofu,
aux bananes et au caroube

◆◆◆

1	bloc de tofu	*250 g*
1/4	tasse de crème 15 %	*60 ml*
1/4	tasse de lait	*60 ml*
2	cuil. à table de miel	*30 ml*
2	bananes	
1	cuil. à table de poudre de caroube	
Noix, raisins secs et noix de coco		

Mettre le tofu, la crème, le lait, le miel, les bananes et le caroube au mélangeur. Réduire le tout en purée crémeuse. Verser dans des coupes et saupoudrer des noix, des raisins secs et de la noix de coco pour garnir. Réfrigérer.

Servir avec des biscuits au beurre (voir recette à la page 231).

Pommes
au sirop d'érable

◆◆◆

5	pommes rouges moyennes	
1/4	tasse de sirop d'érable	*60 ml*
Beurre, sucre brun		
Raisins secs		
1/4	tasse de jus de pomme	*60 ml*
Cannelle, farine		

Évider les pommes sans les percer au fond. Mettre les raisins secs, le sucre brun et la cannelle. Verser dessus le sirop d'érable, placer une noix de beurre et saupoudrer d'encore un peu de cannelle. Mélanger au jus de pomme 1 cuil. à thé *(4 ml)* de farine et délayer. Verser dans les pommes. Cuire au four à 350°F *(180°C)* pendant 30 minutes.

Fudge au caroube

◆ ◆ ◆

3	cuil. à table de beurre	*45 ml*
1	cuil. à thé de vanille	*4 ml*
1	tasse de lait en poudre	*240 ml*
2/3	tasse de miel	*160 ml*
1/3	tasse de poudre de caroube	*80 ml*
1/4	tasse de noix de coco râpée	*60 ml*
1/4	tasse de noix hachées	*60 ml*

Faire doucement fondre le beurre. Y ajouter le miel et la vanille en remuant. Mêler le caroube et le lait en poudre que vous aurez tamisés ensemble. Incorporer les ingrédients secs aux ingrédients humides et remuer à l'aide d'une cuillère de bois. Le mélange doit être très épais. Incorporer les noix hachées et la noix de coco râpée. Presser la préparation dans un petit moule carré bien beurré. Saupoudrer de noix de coco ou de noix hachées en guise de garniture. Mettre au réfrigérateur pendant 1 heure environ. Couper en carrés.

Coulis de fruits

◆◆◆

1/4	tasse de jus de pomme	*60 ml*
2	cuil. à table de raisins secs	*30 ml*
1	tasse de fraises, framboises et bleuets frais	*240 ml*
2	cuil. à thé de sucre	*8 ml*
Quelques gouttes de jus de citron		

Dans une petite casserole, chauffer à feu doux environ 5 minutes le jus de pomme, les raisins secs et le sucre. Laisser refroidir légèrement. Ajouter les fruits et le jus de citron. Passer le tout au mélangeur et laisser refroidir complètement.

Servir sur des fruits frais, sur du gâteau ou sur de la crème glacée.

Sauce aux fruits

1/2	tasse de sucre	*120 ml*
1/4	tasse de fécule de maïs	*60 ml*
1	tasse d'eau froide	*240 ml*
1	cuil. à table de beurre	*15 ml*
1	tasse de fraises fraîches tranchées	*240 ml*

Dans une casserole, bien mélanger le sucre et la fécule de maïs. Ajouter les autres ingrédients. Cuire en remuant et laisser bouillir 2 minutes. Passer au mélangeur pour rendre la sauce homogène.

Se sert très bien avec l'aspic aux fraises ou comme sauce d'accompagnement pour un gâteau, une tarte, de la crème glacée, etc.

Bananes orientales

◆ ◆ ◆

1/4	tasse de beurre	*60 ml*
1/3	tasse de sucre brun	*80 ml*
3	cuil. à table de jus d'orange	*45 ml*
2	cuil. à table de jus de citron	*30 ml*
1	cuil. à thé de gingembre	*4 ml*
1	cuil. à thé de clous de girofle moulus	*4 ml*
2	cuil. à table de rhum	*30 ml*
4	bananes	

Battre le beurre en crème avec le sucre, puis ajouter les clous de girofle moulus, le jus d'orange, le citron, le gingembre et le rhum. Mettre les bananes coupées en deux sur la longueur dans un plat beurré allant au four. Recouvrir du mélange. Cuire au four à 350 °F *(180 °C)* pendant 15 minutes.

Servir chaudes.

Beignes au sarrasin

◆ ◆ ◆

3	œufs	
1/2	tasse de lait	*120 ml*
1	cuil. à thé de vanille	*4 ml*
1/4	tasse de miel	*60 ml*
1	pincée de sel	
1	tasse de farine de blé mou	*240 ml*
2	tasses de farine de sarrasin	*480 ml*
2	cuil. à thé de fécule de maïs	*8 ml*
4	cuil. à thé de poudre à pâte	*16 ml*
1/4	tasse de sucre brun	*60 ml*
1/2	cuil. à thé de soda à pâte	*2 ml*

Mélanger les œufs avec le sucre, le miel et la vanille. Dans un autre bol, mélanger la farine, le sel, la poudre à pâte, la fécule de maïs et le soda à pâte. Additionner le mélange sec au mélange humide en alternant avec le lait. Abaisser la pâte au rouleau, assez mince, puis y découper les beignes et les jeter dans l'huile chaude. Cuire jusqu'à ce qu'ils soient dorés.

Donne 12 à 15 beignes.

Beignes
à la farine de soya

◆◆◆

1	tasse de sucre brun	
2	œufs	
1	cuil. à thé de sel	*4 ml*
2	tasses de farine de soya	*480 ml*
5	cuil. à table de beurre	*75 ml*
4	cuil. à table de poudre à pâte	*60 ml*
1	tasse de lait	*240 ml*
3	tasses de farine de blé mou	*720 ml*

Défaire le beurre avec les œufs et ajouter le sucre graduellement. Ajouter ensuite les ingrédients secs tamisés. Bien mélanger. Abaisser la pâte très mince. Tailler les beignets et les jeter dans l'huile chaude jusqu'à ce qu'ils soient dorés.

Beignes d'Hélène

◆◆◆

3	œufs	
1	tasse de sucre	*240 ml*
1/4	livre de beurre	*115 g*
1	tasse de lait	*240 ml*
3	tasses de farine	*720 ml*
1	cuil. à thé de poudre à pâte	

Ramollir le beurre. Y incorporer le sucre et les œufs battus. Verser le lait et faire mousser. Ajouter la farine à laquelle on aura incorporé la poudre à pâte. Étendre au rouleau cette pâte sur une surface enfarinée et la découper à l'emporte-pièce. Laisser reposer les beignes ainsi découpés de 30 à 60 minutes. Faire frire dans l'huile chaude. Laisser dorer et retirer. Déposer sur du papier absorbant.

Servir les beignets saupoudrés de sucre à glacer ou les glacer à votre choix.

Donne environ 36 beignes.

Marmelade
à la citrouille

◆ ◆ ◆

7	tasses de pulpe de citrouille râpée	*1 680 ml*
5	oranges non pelées et tranchées	
2	citrons non pelés et tranchés	
5 à 7	tasses de sucre	*1 200 ml à 1 680 ml*

Faire cuire pendant 45 minutes. Empoter à chaud dans des pots stérilisés.

Donne 5 pots moyens.

Crème fouettée
au tofu

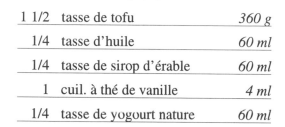

1 1/2	tasse de tofu	*360 g*
1/4	tasse d'huile	*60 ml*
1/4	tasse de sirop d'érable	*60 ml*
1	cuil. à thé de vanille	*4 ml*
1/4	tasse de yogourt nature	*60 ml*

Mettre le tout au mélangeur et faire mousser.

Notes

◆ ◆ ◆

Notes

◆ ◆ ◆

6

◆◆◆

LES PETITS SECRETS

◆◆◆

Pour apprendre à aimer,

il faut apprendre à manger.

Voilà pourquoi il faut apprendre à manger

avec amour ; les vibrations de l'amour

sont extrêmement puissantes.

Les vitamines

◆ ◆ ◆

VITAMINE	AIDE	ALIMENTS
A	La croissance (tissus)	Carottes, lait
	À la vision	Légumes verts
	À résister aux infections	Bananes, œufs
	À combattre le stress	Ananas, betteraves
B	Le système nerveux (B2)	Algues, riz, céréales
	À la croissance (B6)	Levure de bière, pommes
	À la mémoire (B1)	Grains germés, noix
	À combattre le cholestérol (B3)	Légumes verts
	La circulation (B12)	Pommes de terre
C	Contre les infections	Fruits, oranges
	Le système sanguin	Citron, pommes, fraises
	À avoir une peau saine	Brocoli, chou
	Contre la grippe et le rhume	Navet, poivron vert
	Contre la fatigue	Légumes verts, cresson
D	À l'assimilation du calcium	Œuf, poisson, lait
	À combattre l'ostéoporose	Champignons, beurre
	À combattre le cancer du côlon	Fromage, luzerne
	À renforcer le système osseux	Germe de blé
	À avoir de bonnes dents	Soleil

VITAMINE	AIDE	ALIMENTS
E	À la croissance	Huile de lin, germe de blé
	À la cicatrisation	Graines de tournesol, soya
	À la circulation	Graines de sésame, maïs
	À la résistance physique	Arachides
	À maintenir un bon cœur	Noix, blé entier
	À combattre la stérilité	Luzerne, légumes verts
F	Au bon développement	Levure alimentaire, toutes les huiles végétales de première pression
	À combattre l'exzéma	Fromage, œuf, noix
	À combattre la nervosité	Navet, carottes, épinards
K	À la coagulation du sang	Épinards, légumes verts, tomate
	Au système osseux	Pommes de terre, carottes, huile végétale, chou

Les minéraux

◆ ◆ ◆

MINÉRAL	AIDE	ALIMENTS
CALCIUM		
	Combat l'ostéoporose	Produits laitiers
	C'est un calmant	Légumes crus
	Régularise le cœur	Cresson, céleri
	Combat les crampes et l'arthrite	Soya, mélasse
	Aide la peau et les dents	Luzerne, fruits
	Combat l'insomnie	Persil, les noix
FER		
	Combat l'anémie	Céréales complètes
	Donne une bonne résistance physique	Épinards, persil chou, pommes de terre
	C'est un antidépresseur	Asperges, cerises
	Il oxygène le corps	Dattes, noix, fèves
	Il énergise	Luzerne, abricots
PHOSPHORE		
	Très bon pour le système osseux	Chou, noix, épinards
	Il alimente les cellules du cerveau	Lait, légumes verts
POTASSIUM		
	Est une aide au système musculaire	Légumes verts
	Stimulant pour le foie et la rate	Fruits, figues
	Contre la déprime	Tomate, céleri

MINÉRAL	AIDE	ALIMENTS
MAGNÉSIUM		
	Régularise le système nerveux	Noix, soya, chou
	Aide aux muscles	Épinards
	Très bon pour le cœur	Feuilles de betteraves
MANGANÈSE		
	Aide à la mémoire	Germe de blé
	Est un bon soutien au système osseux	Son de blé, noix, légumes verts
ZINC		
	Aide supplémentaire à la vision	Céréales entières
	Aide à différencier par l'odorat et le goût	Levure alimentaire
	Un très bon cicatrisant	Thym, fromage
IODE		
	Un support pour la glande thyroïde	Algues
	Bon pour le cœur	Sel de mer
	C'est un antidépresseur	Poisson
CUIVRE		
	Stabilise le cœur	Graines germées
	Régularise la digestion	Riz, blé, lentilles
	Bon contre l'arthrite	Légumes verts, noix
	Calme les nerfs	Raisins secs, champignons
CHROME		
	Aide à stabiliser le diabète	Céréales, thym
	Donne une bonne vue	Fromage
	Tranquillise les nerfs	Levure de bière

Guide de préparation et de cuisson des céréales et des légumineuses

◆ ◆ ◆

Céréales (1 tasse/250 ml)

	EAU DE CUISSON TASSE(S)	DURÉE HEURE(S)	APRÈS CUISSON TASSE(S)
Blé dur	3	2	2 1/2 à 3
Blé mou	3	2	2 à 3
Millet	1 1/4	20 à 25 min	3 à 3 1/2
Orge	3	1	3 à 3 1/2
Riz basmati	2	20 min	3 à 3 1/2
Riz brun court	2	40 à 50 min	3
Riz brun long	2	40 min	3
Riz noir (sauge)	3	40 à 50 min	3 à 3 1/2
Kasha	2	20 min	3
Seigle	3	2	2 à 3
Boulghour	1 1/2	Couvrir d'eau bouillante, laisser gonfler 15 à 20 min	2 1/2
Couscous	1 1/2	Couvrir d'eau bouillante, laisser gonfler 10 à 15 min	3
Maïs (semoule)	4	Faire bouillir l'eau et y jeter la semoule en brassant jusqu'à épaississement	4

Légumineuses (1 tasse / 250 ml)

	TREMPAGE HEURE(S)	EAU DE CUISSON TASSE(S)	DURÉE HEURE(S)	APRÈS CUISSON TASSE(S)
Fèves blanches (binnes)	8 à 10	3	2 à 3	2
Pois chiches	8 à 10	4	2 à 3	2
Fèves rognons (rouges ou blanches)	8 à 10	3	2	2 à 3
Fèves soya	24	3 à 3 1/2	3	2 à 2 1/2
Fèves de Lima	2 à 3	2 à 2 1/2	1 à 1 h 30	2
Lentilles vertes ou brunes	0	3	45 min	1 à 2 1/2
Lentilles rouges	0	3	15 à 20 min	2 à 2 1/2
Pois verts cassés	0	3	30 à 40 min	2 à 2 1/2

Mélanges passe-partout

◆ ◆ ◆

1 cuil. à table de sarriette	*15ml*
2 cuil. à table de thym	*30 ml*
1 cuil. à table de sauge	*15 ml*
4 cuil. à table de persil	*60 ml*
2 cuil. à table de basilic	*30 ml*
2 cuil. à table de feuilles de céleri séchées	*30 ml*

OU

2 cuil. à table de thym	*30 ml*
1 cuil. à table de sauge	*15 ml*
2 cuil. à table de romarin	*30 ml*
1 cuil. à table d'origan	*15 ml*
2 cuil. à table de basilic	*30 ml*

Guide d'assaisonnement pour quelques légumes

◆ ◆ ◆

ARTICHAUT	Feuilles de laurier, thym.
ASPERGE	Carvi, graines de sésame, estragon.
AUBERGINE	Basilic, poudre de chili, sauge, thym, marjolaine, persil.
BETTERAVE	Feuilles de laurier, graines de carvi, clou, gingembre, sarriette, thym, fenouil.
BLÉ D'INDE	Graines de céleri, poudre de chili, ciboulette.
BROCOLI	Graines de carvi, origan, cerfeuil.
CONCOMBRE	Sarriette, aneth, fenouil.
CAROTTE	Feuilles de laurier, graines de céleri, ciboulette, cari, aneth, macis, menthe, sarriette, thym, estragon, persil.
CHAMPIGNON	Romarin, estragon, thym, ail.
CHOU DE BRUXELLES	Persil, sauge, graines de carvi.
CHOU	Basilic, graines de céleri, aneth, sarriette, estragon, carvi, origan.
CHOU-FLEUR	Graines de carvi, graines de céleri, aneth, origan, sarriette.
ÉPINARD	Basilic, cannelle, aneth, muscade, romarin, graines de sésame, sarriette.
FÈVES AU FOUR	Clou de girofle, gingembre, moutarde, chili.
FÈVES DE LIMA	Graines de céleri, cari, origan, sauge, poudre de chili.
HARICOTS VERTS	Basilic, cari, aneth, sarriette, graines de sésame.
NAVET	Graines de carvi, graines de céleri, aneth, origan.

266

OIGNON   Estragon, feuilles de laurier, poudre de
                       chili, cari, gingembre, muscade,
                       origan, sauge.

POMME
DE TERRE   Basilic, graines de céleri, ciboulette,
                       aneth, macis, romarin, sarriette, graines
                       de sésame, fenouil.

TOMATE   Basilic, feuilles de laurier, graines
                       de carvi, graines de céleri, cari, aneth,
                       romarin, marjolaine, sarriette, thym,
                       origan, menthe.

Les fines herbes

◆◆◆

Ce sont des plantes dont on mange surtout les feuilles et parfois les fleurs; elles se cultivent très bien ici au Québec, soit à l'extérieur ou à l'intérieur. Ce sont des plantes d'accompagnement et on peut les consommer fraîches, ou séchées, ou encore congelées. Elles ajoutent un arôme particulier aux plats en assaisonnement:

AIL
Se marie très bien avec les sauces, les soupes et presque tout.

ANETH
Se marie très bien avec les cornichons, certains poissons, le chou.

BASILIC
Se marie très bien avec la tomate, les sauces italiennes, l'aubergine.

CERFEUIL
Se marie très bien avec la crème de légumes, la salade verte, le brocoli.

CIBOULETTE
Se marie très bien avec les soupes, les pâtes, les omelettes.

ESTRAGON
Se marie très bien avec les vinaigrettes, les oignons, les plats italiens.

FENOUIL
Se marie très bien avec les salades de pomme de terre, les concombres, les betteraves, le pain.

268

MARJOLAINE	Se marie très bien avec les tomates, les carottes, les plats italiens.
MENTHE	Se marie très bien avec la tomate, les salades de couscous, les desserts.
ORIGAN	Se marie très bien avec le brocoli, le chou, les oignons, les plats italiens.
OSEILLE	Se marie très bien avec le potage, la salade, en sauce.
PERSIL	Se marie très bien avec tout comme aromate ou accompagnement.
ROMARIN	Se marie très bien avec les épinards, les champignons et la pomme de terre.
SARRIETTE	Se marie très bien avec les concombres, les légumineuses, les tomates.
SAUGE	Se marie très bien avec les oignons, les sauces italiennes, en tisane.
THYM	Se marie très bien avec presque tout, spécialement les carottes.

Les équivalences

◆ ◆ ◆

Pour remplacer le sucre par du miel, diminuer de 1/3 la quantité recommandée. Éviter de changer la margarine ou le beurre pour l'huile en même temps, car le mélange serait trop liquide.

◆ ◆ ◆

Table des équivalences de cuisson

FAHRENHEIT °F		MÉTRIQUE °C	ANGLAIS	MÉTRIQUE
450	très chaud	230	5 tasses	1 240 ml
425		220	4 tasses	1 000 ml
400	chaud	200	3 tasses	750 ml
375		190	2 1/2 tasses	625 ml
350	moyen	180	2 tasses	500 ml
325		160	1 1/2 tasses	360 ml
300	doux	150	1 1/4 tasses	310 ml
275		140	1 tasse	240 ml
250		120	3/4 tasse	180 ml
			2/3 tasse	160 ml
			1/2 tasse	120 ml
			1/3 tasse	80 ml
			1/4 tasse	60 ml
			1 cuil. à table	15 ml
			1 cuil. à thé	4 ml

Mesures

◆ ◆ ◆

ANGLAIS _____ *MÉTRIQUE*

1 tasse de riz_____ *226 grammes*

1 tasse de chapelure _____ *47 grammes*

1 tasse de fromage râpé _____ *113 grammes*

1 tasse de farine à pâtisserie_____ *95 grammes*

1 tasse de sucre_____ *226 grammes*

1 tasse de beurre_____ *226 grammes*

Lexique
de produits naturels

◆◆◆

AGAR-AGAR

Algue marine gélatineuse, transparente et sans saveur qui remplace la gélatine animale.

ALGUES

Excellent apport de sels minéraux. Différentes sortes : NORI (feuilles minces à faire griller quelques instants au-dessus d'un élément), VARECH, IZIKI, WAKAME, KOMBU, DULSE (on la retrouve en poudre.)
Peuvent être ajoutées à la majorité des plats principaux. Utilisation : sauf pour la NORI, tremper dans l'eau 15 minutes avant la cuisson.

ARROW-ROOT

Fécule extraite de la racine de marante. Remplace la fécule de maïs. Elle a une influence sur la santé de la flore intestinale et le système de digestion et d'assimilation. Utilisation : 1 1/2 cuil. à table *(20 ml)* pour 1 tasse *(240 ml)* de liquide.

BLÉ DUR

Le blé est un aliment de base indispensable. C'est la céréale la plus riche en hydrates de carbone. La farine de blé dur est utilisée pour la fabrication du pain. Le grain du blé dur contient plus de protéines et de gluten.

BLÉ MOU

Utilisé dans la fabrication des pâtisseries.

BLÉ DURUM

Utilisé dans la fabrication des pâtes alimentaires.

BOULGHOUR

Blé mou partiellement cuit, séché et ensuite concassé. Utilisation : faire sauter dans un peu d'huile 1 tasse *(250 ml)* de boulghour pour 2 tasses *(500 ml)* de liquide. Cuire pendant 25 minutes sur feu doux.

CAROUBE
Fruit du caroubier. Substitut du chocolat. Régulateur des intestins. Bon contre la diarrhée à cause de la pectine qu'il contient.
Utilisation : la même que le cacao.

COUSCOUS
Semoule de blé déjà cuite.
Utilisation : 1 portion de couscous pour 2 portions de liquide. Amener à ébullition et laisser reposer 15 minutes.

CARTHAME
Le carthame est une fleur de la famille des tournesols. L'huile qu'on en fait contient le pourcentage le moins élevé d'acides gras saturés de toutes les huiles. Excellente pour les fritures. Comme elle rancit vite, la conserver au frais dans un contenant sombre.

FÈVES DE LIMA
Riches en protéines, calcium, fer, phosphore et vitamine B.
Utilisation : 1 tasse de fèves *(240 ml)* pour 2 tasses *(480 ml)* de liquide. Faire tremper pendant 8 à 10 heures avant la cuisson. Cuire pendant 35 à 50 minutes sur feu doux.

FÈVES DE SOYA
Fournissent deux fois plus de protéines que la viande ou le poisson. Pauvres en hydrate de carbone. Possèdent tous les acides aminés essentiels.
Utilisation : 1 tasse *(240 ml)* de fèves pour 2 tasses *(480 ml)* de liquide. Faire tremper pendant 12 heures avant la cuisson. Cuire pendant 2 heures sur feu doux.
N.B. : Les fèves sont une source de protéines de première qualité et elles sont pauvres en graisses.

GOMASIO
Sel de sésame fait de graines de sésame broyées et de sel de mer.
Utilisation : assaisonnement pour soupes, bouillons, salades.

KASHA
Grains de sarrasin dont seulement l'écorce extérieure a été enlevée. Riche en vitamines B et E. Augmente la résistance.
Utilisation : 1 tasse *(240 ml)* de kasha pour 3 tasses *(720 ml)* de liquide. Faire sauter dans un peu d'huile. Cuire pendant 30 minutes sur feu doux.

LENTILLES ROUGES

Très faciles à digérer.
Utilisation : pour les soupes.
Cuire pendant 15 à 20 minutes sur feu doux.

LENTILLES VERTES OU BRUNES

Très faciles à digérer. Plus nourrissantes que les rouges.
Utilisation : 1 tasse *(240 ml)* de lentilles pour 2 tasses
(480 ml) de liquide.
Cuire pendant 40 à 45 minutes sur feu doux.

LEVURE ALIMENTAIRE

Supplément alimentaire. Très forte concentration
de vitamine (B12). TORULA et ENGEVITA sont deux
variétés souvent employées.
Utilisation : base pour bouillons, soupes, mets principaux.

MILLET

C'est une céréale très facile à digérer. Très bonne pour
l'équilibre du système nerveux. Riche en protéines, silice.
Utilisation : 1 tasse *(240 ml)* de millet pour 3 tasses
(720 ml) de liquide.
Cuire pendant 30 minutes sur feu doux.

MISO

Pâte brune foncée. Fabriquée par la fermentation de
fèves soya avec soit de l'orge, soit du riz, et une culture
bactérienne. Tonifie les intestins et contient de la vitamine
(B12). Le miso perd ses propriétés lorsqu'il est bouilli.
Utilisation : base pour soupes, sauces, certains mets
principaux.

ORGE

Riche en calcium, phosphore et sodium. Très bon
pour le système nerveux et pour augmenter la résistance
générale.
Utilisation : 1 tasse *(240 ml)* d'orge pour 2 tasses *(480 ml)*
de liquide. Faire tremper pendant 8 à 10 heures avant la
cuisson. Cuire pendant 1 heure à 1 1/2 heure sur feu doux.

POIS CHICHES

Riches en protéines, magnésium, phosphore et fer.
Utilisation : 1 tasse *(240 ml)* de pois chiches pour 2 tasses
(480 ml) de liquide. Faire tremper pendant 10 à 12 heures
avant la cuisson. Cuire pendant environ 2 heures sur feu
doux.

RIZ BRUN

Il y a le riz à «grains courts», à «grains longs», «basmati», etc.

Utilisation : 1 tasse *(240 ml)* de riz pour 2 tasses *(480 ml)* de liquide.

Cuire pendant environ 35 minutes sur feu doux.

SARRASIN

Riche en protéines, phosphore. Contient beaucoup de fibres alimentaires (facilitant l'élimination). Moulu, on en obtient la farine. Grillé, on l'appelle «kasha».

SÉSAME (graines de)

Très riches en minéraux (calcium, potassium, fer, phosphore). Bonne source de protéines. Par une mouture des graines rôties et non décortiquées, on obtient le beurre de sésame.

Utilisation : saupoudrer sur les plats de légumes, les céréales, les desserts et dans le pain maison.

TAHINI

Beurre de sésame fait avec les graines de sésame décortiquées, rôties et broyées. Sa consistance est moins pâteuse et son apparence est plus claire que celle du beurre de sésame.

TAMARI

Sauce soya faite à partir de fèves de soya (en majeure partie), de blé, de sel de mer et d'eau. Le tout a fermenté pendant 2 ans. Plus salé que les sauces soya commerciales, qui contiennent un amalgame de colorants, de caramel et d'agents de conservation.

TOFU

Fromage fabriqué avec des fèves de soya trempées. Constitue une importante source de protéines.

TOURNESOL (graines de)

La valeur exceptionnelle de cette plante tient peut-être au fait qu'elle se tourne constamment vers le soleil... Ses graines sont riches en fluor, protéines, magnésium, phosphore, vitamine E, calcium.

Utilisation : 1/2 tasse *(120 ml)* par jour devrait suffire pour un régime végétarien normal, en toute saison.

N.B. : Ne pas garder l'eau de trempage des grains et des légumineuses.

275

Propriétés magiques
des aliments

◆ ◆ ◆

Manger des aliments purs provoque des change-
ments dans les sentiments et les pensées comme
dans la santé.

AIL
Apporte la vitalité. Fortifiant. Contient du soufre.
Apporte la virilité. C'est un laxatif naturel.
Anticancéreux. Repousse les mauvais courants, éloigne
les impuretés. Vermifuge.

AMANDE
Aliment qui représente l'harmonie céleste sur Terre. En
manger trois par jour prévient et protège contre le cancer.

AVOINE
Céréale idéale pour l'hiver. Réchauffe l'organisme.
Elle a pour fonction de guérir surtout les muscles en
leur donnant de la force et de l'endurance. Donne de bons
nerfs solides. Riche en minéraux qui aide au cerveau.

BASILIC
Aromatique. Protège le corps. Chasse le venin.
Aide à la fécondité. Apaise et arrête les gaz intestinaux.

BETTERAVE
Le jus de betterave purifie le sang.

BLÉ
Une céréale solaire, qui est passée par Vénus. C'est la
céréale des peuples évolutifs. Cette céréale d'entre toutes
contient les 16 éléments qui composent notre organisme.
S'habituer à en manger régulièrement, alors notre corps
n'aura aucune carence. Le blé aide à la concentration,
il donne aussi beaucoup de dynamisme. De tous les
aliments, le blé est le plus riche. Le blé possède des
éléments spéciaux qui poussent ceux qui le mangent

vers le calme, la joie, la sagesse. Le blé rend meilleur.
Sa consommation améliore la digestion et guérit le foie et
le plexus solaire. Le blé est vivant.

CAROTTE

Il ne faut jamais peler les carottes mais bien les laver et
brosser, car tout est dans le pelure. Mangées crues, elles
donnent leur maximum. C'est l'aliment idéal pour
l'allaitement. Donne de belles couleurs si utilisé
modérément. Très bon pour la croissance des enfants.
Utiliser les fanes de carottes en salade ou dans les soupes,
elles sont très vitaminées. La carotte régularise l'intestin
et améliore les reins en augmentant le nombre des
globules rouges.

CÉLERI

Il aide beaucoup ceux et celles qui veulent maigrir en
apaisant l'appétit. Le jus de céleri aide à apaiser les
douleurs rhumatismales. Boire quotidiennement du jus
de céleri, carotte et tomate chasse le rhumatisme.

CHOU

Roi des légumes. C'est un guérisseur pour presque tout.
Appliqué sur la peau quand nous avons une plaie, il la
cicatrise. Appliquer une feuille de chou sur le front
lorsque l'on a un mal de tête apaise. Le chou soigne
les maux de gorge, les démangeaisons et les brûlures.
Appliquer des cataplasmes de feuilles de chou sur la
poitrine guérit l'asthme. Boire régulièrement du jus de
chou guérit les maux d'estomac. Appliqué sur le foie,
il apaise le mal. C'est un capteur. Le manger cru est très
bon pour les poumons. Sur une piqûre d'insecte, il retire
le poison, enlève la douleur et guérit.

CITROUILLE

Les graines de citrouille sont bonnes pour la prostate.

CONCOMBRE

Il est influencé par la lune et très bon pour la peau.
Apaise les coups de soleil. Très bon contre la cellulite.
Un mélange de concombre, ail, persil, citron, huile d'olive
en salade, donne de bons résultats contre la cellulite.

EAU CHAUDE

Ce que tout médecin devrait prescrire à ses patients :
1 tasse d'eau chaude bouillie, chaque matin à jeun, donne

des résultats fantastiques. L'additionner de jus de citron nettoie l'organisme magnifiquement. En cas de rhume ou de grippe, en boire plusieurs tasses aidera à la transpiration et par le fait même à l'élimination des toxines.

EAU MAGNÉTISÉE

Cette eau préparée avec le plus grand amour vous permettra de soulager différentes infections.

On prépare l'eau magnétisée les jours où on sent couler en nous un flot d'amour, de vitalité et de joie. On prend un petit récipient de verre, on l'emplit d'eau et on met le pouce, l'index et le majeur dedans en y introduisant des courants de guérison, de bonheur et de vie par la pensée. On boit de cette eau les jours de dépression ou appliquée sur les régions du corps à guérir.

ESTRAGON

Il est apéritif, stomachique, et un stimulant digestif. Harmonise tout en douceur l'organisme, le régénère et le rajeunit.

FANES DE RADIS

Extraordinaires ! C'est ce qu'il y a de plus riche. Utiliser dans les salades.

FRUITS

Énergie solaire condensée. En manger souvent en prenant soin et l'habitude de tenir le fruit dans sa main pour le réchauffer.

HUILE D'OLIVE

Ne jamais cuire l'huile d'olive. Utiliser dans les salades ou à la toute fin de la cuisson.

LAITUE

Toujours bien laver dans une eau salée ou vinaigrée. Même chose pour le cresson. Manger de la laitue régulièrement apaise l'appétit sexuel.

LIN

Consommer des graines de lin dans du lait tiède aide merveilleusement à la régularité en libérant l'intestin.

MAÏS

Très riche en magnésium, cette céréale donne de l'endurance et beaucoup de résistance. C'est une bonne source d'hydrates de carbone et de protéines.

MILLET

Très bonne source de protéines. Cette céréale combat l'acidité du corps. Riche en fer. Contient des acides aminés essentiels et pas de gluten. Favorise la santé des nerfs. Donne de belles dents, de beaux cheveux et des beaux ongles grâce à la vitamine B.

OIGNON

Légume magique. Il donne un joli teint. Très bon pour l'intestin. Stimulant cardiaque. On peut placer une moitié d'oignon dans une pièce, caché de la vue des gens ; il captera tout le négatif que les gens peuvent amener avec eux. Détruire après. Cuit entier au four dans un papier aluminium, il garde toutes ses propriétés. Si on souffre de sciatique, se frotter avec un oignon coupé en deux procure de la chaleur. Un sirop fait avec des oignons, de l'eau et du miel donne de bons résultats contre l'asthme et l'angine de poitrine. Pour abaisser la fièvre instantanément chez les enfants, placer des rondelles d'oignon sous leurs pieds et enfiler par-dessus des bas de laine donneront des résultats magnifiques. Très bon pour les rhumatismes et l'arthrite. Miraculeux pour les diabétiques. Soulage la prostate. Contre la crise de nerfs, couper en deux et respirer. Il est très utile pour purifier le sang et améliorer les reins.

ORGE

Riche en calcium et en sodium, elle contient du phosphore. Céréale calorifique. Liée à Vénus, elle donne beaucoup d'énergie et aide à recouvrer la vitalité. Tremper 48 heures dans de l'eau, puis rincer. Mastiquer longuement. Elle contribue à la robustesse du corps et à la souplesse des articulations. Aide à renforcer le système nerveux.

PAIN

Aliment sacré par excellence. Toujours faire son pain les jours où on est le plus heureux et bien-portant, car en pétrissant la pâte on l'imprègne de ses vibrations et on transmet une partie de son cœur et de son amour à tous ceux qui en mangeront. Toujours manger son pain avec une attitude simple, sacrée et pleine de reconnaissance.

PERSIL

Très riche en vitamines et en chlorophylle. Mastiquer quelques brindilles de persil neutralise l'odeur de l'ail.

POMME DE TERRE

Une soupe aux pommes de terre avec ail et persil consommée une fois par semaine élimine les toxines du corps.

RIZ

Le grain de riz entier est riche en protéines. Il contient : vitamine B, phosphore, potassium, magnésium, sodium, calcium, fer.

ROMARIN

Excellent stimulant, il accroît la sécrétion biliaire. Augmente la vitalité. Aide l'intestin à rejeter les toxines.

SARRASIN

Riche en minéraux, en vitamine E et en vitamines du complexe B. Aide à la cicatrisation des varices. Rend fort et combat la fatigue. Augmente la résistance aux infections.

SAUGE

Plante merveilleuse contre l'angine. En tisane, avec du miel et un peu de vinaigre de cidre : boire une petite gorgée régulièrement durant la journée.

SEIGLE

Liée à Jupiter, cette céréale est très riche en potasse. Une céréale qui en pain accélère beaucoup la digestion. C'est la céréale des conquérants, elle donne beaucoup de vigueur et de force. Elle élimine le gras des muscles et aide le cœur et les glandes sexuelles. Vitamine E, phosphore, magnésium.

THYM

Le thym a été une plante vénérée des Égyptiens. C'est la plante antitoxines par excellence. Puissant antiseptique. Une plante aromatique à utiliser souvent et avec presque tout. Elle aide au rajeunissement des tissus. Régularise le cholestérol.

TOMATE

Crues, elles donnent leur maximum. Fruit-légume qui stimule les reins et aide à la circulation et au nettoyage du corps. Détruit l'acidité de l'estomac et aide le foie. Les feuilles chassent les moustiques.

AIR

En respirant avec rythme et attention, on acquiert l'intelligence spirituelle.

CHANT

Si, durant sa maladie, quelqu'un est capable de chanter, il guérira inévitablement. On doit appliquer la musique comme méthode de tonification.

EAU

En utilisant l'eau consciemment et avec respect lorsque l'on boit, se lave, ou se baigne, on acquiert la pureté.

FEU

Boire la lumière et manger du feu par la pensée réchauffent et illuminent notre amour pour Dieu.

MASTICATION

Mâcher est plus important que d'avaler les aliments. On ignore que la bouche est un véritable estomac. C'est en elle que s'accomplissent les processus chimiques les plus subtils. C'est dans la bouche que l'organisme extrait la partie éthérique de la nourriture. Ceux qui mâchent longtemps et bien en retirent d'autres forces, plus spirituelles.

PENSÉE

Seule la pensée consciente qui se concentre sur la nourriture est capable de l'ouvrir et de capter toute l'énergie qu'elle contient.

RESPIRATION

Le plus grand secret lorsque vous mangez bien et que vous pensez à la nourriture en mâchant, c'est d'inspirer profondément. C'est ce qui est le plus merveilleux au point de vue spirituel. L'air inspiré est là comme un catalyseur qui permet de fixer les éléments dans l'être, de les souder à lui. Cette inspiration apporte un apaisement, une détente dans le système nerveux, et aide à la guérison de l'organisme.

ROSÉE

Il est très conseillé, chaque matin, du mois de mai au mois de juillet, de marcher pieds nus dans la rosée fraîche. Ceci rétablit les courants psychiques en les réharmonisant. Idéal pour les dépressifs.

SILENCE

La plus belle nourriture et le secret pour des repas
favorisant la santé physique et mentale.

SOLEIL

La meilleure nourriture à prendre. Le meilleur temps pour
s'en nourrir est celui de son lever. Ne jamais s'y exposer
après 11 heures, car dès ce moment le soleil ne donne plus
et on se sent vidé, tandis qu'au matin on se sent rempli
et énergisé. Au début du printemps jusqu'à la fin de
septembre, prendre l'habitude d'aller marcher au lever
du soleil changera votre vie, réveillera en vous la volonté,
l'endurance, la joie et la vitalité. Toutes les religions
parlent d'un breuvage d'immortalité que les alchimistes
ont appelé l'élexir de la vie immortelle. En s'abreuvant
par la pensée aux rayons du soleil à son lever, nous
retirons cette ambroisie remplie de grâces.

TERRE

En communiant avec la Terre, on réussit à acquérir la
stabilité.

YOGA

La nutrition est un yoga, car savoir manger demande
de l'attention, de la maîtrise, mais aussi de l'intelligence,
de l'amour et de la volonté.

282

Couleurs

◆ ◆ ◆

Chaque couleur, correspondant à des vibrations bien spécifiques, possède des propriétés tout aussi spécifiques. Des expériences ont montré l'impact de ces couleurs sur l'idéation et le comportement des individus.

ROUGE

Selon les nuances, favorise la vitalité ou l'agressivité. Déconseillé aux insomniaques. On ne l'utilisera pas dans une chambre à coucher ni dans un local collectif.

ORANGE

Couleur de la santé, elle vitalise (sans être agressive) et stimule l'appétit.

JAUNE

Prédispose à l'étude et à la réflexion.Ce pourra être la couleur dominante d'une salle d'étude.

VERT

Outre ses correspondances avec le système digestif, elle exerce une influence calmante (on le retrouve dans de nombreux blocs opératoires). Favorise la croissance.

BLEU

Développe le sens musical, apaise le système nerveux. Couleur anesthésique et antispasmodique, elle est déconseillée aux dépressifs. Ce sera la couleur de choix pour la chambre à coucher.

VIOLET

Possède des propriétés protectrices particulièrement puissantes. Couleur très mystique, elle favorise la méditation.

Couleurs du prisme

COULEUR	PLANÈTE	JOUR	CHIFFRE	MÉTAL	NOTE
Rouge	Mars	Mardi	5	Fer	Do

PHYSIQUE
Système musculaire, sexualité, sensualité vitalité-énergie-dynamisme

MENTAL
Esprit de la vue, amour divin

COULEUR	PLANÈTE	JOUR	CHIFFRE	MÉTAL	NOTE
Orange	Soleil	Dimanche	6	Or	Ré

PHYSIQUE
Système circulatoire

MENTAL
Esprit de sainteté, fierté-orgueil, ambition

COULEUR	PLANÈTE	JOUR	CHIFFRE	MÉTAL	NOTE
Jaune	Mercure Uranus	Mercredi	8	Vif argent	Mi

PHYSIQUE
Système nerveux

MENTAL
Intellect, réflexion, compréhension, intelligence, esprit de la sagesse

COULEUR	PLANÈTE	JOUR	CHIFFRE	MÉTAL	NOTE
Vert	Vénus	Vendredi	7	Cuivre	Fa

PHYSIQUE
Digestion-élimination

altruisme

MENTAL
Évolution, esprit de l'éternité, richesse dans tous les plans,

284

Bleu	Jupiter	Jeudi	4	Étain	Sol

PHYSIQUE	MENTAL
Système respiratoire et yeux	Esprit de vérité, positif, musique, tolérance, religion, spiritualité

Indigo	Saturne	Samedi	3	Plomb	La

PHYSIQUE	MENTAL
Force du système osseux	Royauté, tête, chakras, spiritualité

Violet	Lune Neptune	Lundi	9	Argent	Si

PHYSIQUE	MENTAL
Système glandulaire	Esprit de la grâce, dédoublement, ouverture des chakras

Infusions

◆ ◆ ◆

PARTIE DU CORPS	INGRÉDIENTS
Troubles intestinaux	Violette, tilleul
Pas d'appétit	Chiendent
Épileptique	Aubépine
Yeux	Bleuets
Rhume	Coquelicot
Étourdissement (migraine)	Muguet, romarin
Yeux et oreilles	Eau magnétisée en imposant les mains
Nez	Camphre
Gorge	Faire une pommade avec une infusion de fleurs et de ronces, de bon vinaigre et du son. Appliquer sur la gorge.
Poumons	Chou, betterave, navet, poireau. Une infusion d'immortelles.
Estomac	Cannelle, anis, citron, estragon, lavande. Une infusion de pâquerettes.
Foie	Boire à petits coups, de l'eau très glacée soulage instantanément.
Gaz répétés	Anis, romarin, menthe, eau de riz, thym
Voies urinaires	Céleri. Une infusion de queues de cerises.
Matrice	Rose rouge, cerfeuil, verveine
Vers	Fumeterre
Cheveux	Ortie
Diarrhée	Églantine
Rhumatisme	Prendre des bains de romarin, thym et sauge.
Apaiser	Camomille, tilleul
Dormir	Fleur de pavot, fleur d'oranger, verveine
Nettoyer l'organisme	Eau chaude

Notes

◆ ◆ ◆

Anniversaires

◆ ◆ ◆

Anniversaires

◆ ◆ ◆

Table des matières

LES DESSERTS

296

LES PETITS SECRETS

Toutes les pensées de ce livre
sont extraites du tome XVI
des œuvres complètes de
OMRAAM MIKHAËL AÏVANHOV
aux Éditions PROSVETA.

ACHEVÉ D'IMPRIMER
EN OCTOBRE MIL NEUF CENT QUATRE-VINGT-DIX-SEPT
CHEZ MARC VEILLEUX,
IMPRIMEUR À BOUCHERVILLE.